Arn Strohmeyer

Wenn Zeus Europa nicht entführt hätte

Arn Strohmeyer, Jg. 1942, hat Philosophie, Soziologie und Slawistik mit dem Abschluss Magister studiert. Er hat dann als politischer Journalist bei verschiedenen Tageszeitungen und einer politischen Monatszeitschrift gearbeitet. Neben dieser Tätigkeit hat er mehrere Bücher geschrieben. Seine besonderen Themenschwerpunkte sind dabei die kritische Aufarbeitung der NS-Zeit, Kreta/Griechenland und der Nahe Osten/Palästina. Strohmeyer lebt und arbeitet heute als Schriftsteller in Bremen. (arnstrohmeyer.de)

Arn Strohmeyer

Wenn Zeus Europa nicht entführt hätte

Kreta im Spiegel von Mythos, Geschichte, Politik und Erleben

Bibliografische Information Der Deutschen Bibliothek
Die Deutsche Bibliothek verzeichnet diese Publikation in der Deutschen Nationalbibliografie; detaillierte bibliografische Daten sind im Internet über http://dnb.ddb.de abrufbar.

Verlag Dr. Thomas Balistier
Egartstr. 19
D-72127 Mähringen
www.kreta-buch.de

Verlag und Autor danken dem Maler Peter Foeller (Plora/Kreta und Berlin) für das Bild *Zeus und Europa* zur Gestaltung des Covers.

1. Auflage Mähringen 2017
Redaktionelle Beratung: Ulla Fuchs
Umschlaggestaltung und Satz: PEAK Agentur für Kommunikation GmbH, Tübingen
Herstellung: Druckerei und Verlag Steinmeier GmbH & Co. KG, Deiningen

ISBN 978-3-937108-36-0

Inhalt

Vorwort

Wenn dieses Buch 2017 erschienen ist, kann ich ein Jubiläum begehen: Es ist 50 Jahre her, dass ich zum ersten Mal Griechenland und Kreta besucht habe. Im März 1967 bin ich nach Hellas getrampt. Ich musste dieses Land meiner Sehnsucht sehen, und da ich als Student nur über geringe Mittel verfügte, wählte ich den Weg des Hitchhikens. Diese erste Reise ins Land der Hellenen hat mich zum Freund dieses Landes, ja zum Philhellenen gemacht. Ich habe Griechenland mein ganzes Leben lang die Treue gehalten. Vermutlich hätte ich viel Interessantes überall in der Welt entdecken können, aber die Faszination dieses kleinen Landes zwischen Europa und dem Orient hat mich nicht losgelassen.

Als ich meinte, das griechische Festland und viele Inseln einigermaßen zu kennen (was natürlich eine vermessene Annahme ist), bin ich nach Kreta zurückgekehrt – und die Faszination begann von neuem. Kreta ist eine ganze Welt, und ein Leben reicht wahrscheinlich nicht, um es in Gänze zu kennen und zu verstehen. Ich habe es dennoch versucht und habe in meinen Büchern und Aufsätzen immer wieder davon berichtet. Dabei hatte ich immer beides im Sinn: die große und wechselvolle Geschichte Griechenlands und Kretas sowie ihren Beitrag zur Weltkultur, aber auch das moderne Land der Hellenen mit seiner politischen Zerrissenheit und Tragik. In diesem Drama spielte Kreta auch immer eine wichtige Rolle. Dass gerade Deutschland an diesen Höhen und Tiefen einen beträchtlichen Anteil hat, war mir immer bewusst. Und da war natürlich auch die einmalige kretische Symbiose von landschaftlicher Schönheit, großer Kultur und faszinierenden Menschen.

Inzwischen ist aber im Verhältnis Deutschlands und EU-Europas zu Griechenland eine so dramatische Wende eingetreten, dass man durchaus von einer Tragödie sprechen kann. Denn nichts ist mehr so, wie es vor der Schuldenkrise war. Für mich bedeutete das: Man kann heute kein Buch über Griechenland und Kreta schreiben, ohne auf diese von der deutschen beziehungsweise der Politik der EU mutwillig und mit voller Absicht herbeigeführte Katastrophe in der Beziehung zu Griechenland einzugehen. Man kann doch nicht ganz unbeschwert über Hellas' blauen Himmel, die ewige Sonne, schöne Strände, weiße Säulen aus der Antike, Wein, Ouzo, Bouzouki- und Lyra-Musik schreiben, ohne ein Wort über diese Tragödie der Beziehungen verlieren!

Dazu kommt die Krise der gesamten EU. Die Differenzen über die Flüchtlingsfrage und in ihrem Gefolge das Erstarken rechtspopulistischer und rechtsextremer Parteien in vielen Ländern der EU, die Bildung nationalistischer Regierungen in Polen und Ungarn und die Entscheidung der Briten, die EU zu verlassen (Brexit), haben dafür gesorgt, dass eine gemeinsame Zukunft Europas ungewisser denn je ist. Mit der Präsidentschaft Donald Trumps in den USA ist für Europa ein weiterer großer Unsicherheitsfaktor entstanden. Die Krise des Kontinents trifft die Griechen besonders hart. Sechs Jahre von der EU aufgezwungene Haushaltskonsolidierung hat ihnen nichts gebracht. Für die meisten Menschen ist die Lage nur schlechter geworden. Hoffnung und Licht am Ende des Tunnels gibt es nicht.

Dieses Buch hat Europa im Titel – Europa ist der rote Faden durch den ganzen Text. Was ist Europa heute? Zunächst: Europa ist, wie etwa jedes zehnte Wort in den europäischen Sprachen, ein griechisches Wort. Europa war dem Mythos zufolge eine phönizische (also eine semitisch-orientalische) Königstochter, die vom obersten Gott der Griechen, dem Göttervater Zeus, in Gestalt eines Stiers in ihrer Heimat (der heutige Libanon) geraubt und nach Kreta entführt wurde. Dort vermählte er sich mit ihr und begründete mit den aus dieser Verbindung hervorgegangenen Söhnen ein Herrschergeschlecht, das die erste europäische Hochkultur schuf. Das war der Ausgangspunkt – die großen geistigen, kulturellen und wissenschaftlichen Leistungen der Griechen in der Antike waren die Folge.

Und deshalb kann man Europa nicht auf eine Wirtschaftszone oder einen Finanzclub reduzieren. Es gibt eben auch dieses andere Europa, das Bestand hat und gar nicht scheitern kann: das Europa des Geistes, das einen sehr großen Beitrag zur Weltkultur geleistet hat und dessen Anfänge eben auf Griechenland zurückgehen. Auch wenn wir uns geschichtsvergessen der großen geistigen Leistungen der Griechen gar nicht mehr bewusst sind, sie haben in fast allen Bereichen die Grundlage dafür gelegt, was heute Europa ausmacht.

Günter Grass hat diesen Sachverhalt so treffend formuliert: „Geistlos verkümmern wirst Du ohne das Land, dessen Geist Dich, Europa, erdachte." Was auch bedeutet: Wir stehen noch heute tief in der Schuld dieses Volkes, das uns Europäern so unendlich viel gegeben hat.

Es waren dann später vor allem deutsche Gelehrte, Wissenschaftler und andere Geistesgrößen ab dem Ende des 18. Jahrhunderts, die die griechische Antike wieder entdeckten. Den Deutschen wohne eine tiefe Sehnsucht nach allem Griechischen inne, behaupteten die Dichter der Klassik und Romantik, sie hatten ein „unstillbares Heimweh" nach Hellas. Goethes Formulierung in der *Iphigenie* „Das Land der Griechen mit der Seele suchen" gab diesem Gefühl beredten Ausdruck. Hölderlin sehnte sich nach den „alten seligen Küsten", die ihn mehr fesselten als das eigene Vaterland: „Denn lieb ist in der Ferne nicht Eines mir, wie jenes, wo die Göttersöhne schlafen, das trauernde Land der Griechen."

Die geistige Verwandtschaft von Deutschen und Griechen wurde so eng erlebt und vorgestellt, dass alles Schöne, Edle und Humane mit den Griechen in Verbindung gebracht wurde. Goethes *Griechenlandglaube* besagte: „Wo das Menschliche sich in seiner Urgestalt enthüllt, da ist es zutiefst griechisch." Alle Intellektuellen der Zeit beriefen sich auf den Kunstwissenschaftler Johann Heinrich Winckelmann (1717 bis 1768), der in der griechischen Kunst – vor allem in ihren Plastiken – das Gesetz des Schönen entdeckt zu haben glaubte. Es lag für ihn in der „Urgestalt der reinen Natur".

Wie sehr diese Geistesheroen mit ihren Vorstellungen von Hellas einem schönen Fantasieland anhingen, mussten die deutschen Philhellenen erfahren, die am Beginn des 19. Jahrhunderts nach Griechenland kamen, um die Griechen in ihrem nationalen Befreiungskampf gegen die Osmanen zu unterstützen. Sie suchten in Hellas das reine Wesen des antiken Griechentums und wollten es erneuern. Sie trafen aber auf ein rückständiges und armes orientalisches Land, das von den Türken und der Orthodoxie von Byzanz beherrscht und geprägt war. Und die Freiheitskämpfer wollten nicht die Ideale der Antike, sondern das byzantinische Reich erneuern.

Die Großmächte England, Frankreich und Russland einigten sich nach der Befreiung des größten Teils Griechenlands auf einen

Deutschen als König: den Bayern Otto I., der Athen mit schönen klassizistischen Bauten versah, doch politisch nicht viel ausrichtete. Griechenland blieb ein bitterarmer peripherer Balkanstaat. Daran änderte auch König Georg I. nichts, der aus dem deutsch-dänischen Haus Schleswig-Holstein-Sonderborg-Glücksburg stammte und ein halbes Jahrhundert regierte. Im April 1941 folgte der Tiefpunkt der deutsch-griechischen Beziehungen: Hitlers Wehrmacht eroberte in einem Blitzkrieg Griechenland und im Mai Kreta. Die Besatzungszeit, die bis Ende 1944 andauerte, war grausam und barbarisch. Erstaunlich war es, wie schnell sich das Verhältnis normalisierte und die Griechen den Deutschen offenbar verziehen haben. In den 60er Jahren kamen dann Hunderttausende griechische Gastarbeiter in die Bundesrepublik, die dazu beitrugen, den deutschen Wohlstand zu mehren. Viele blieben, andere gingen mit ihren deutschen Erfahrungen wieder zurück. Als 1967 die Militärs in Athen putschten und eine Diktatur errichteten, flohen viele Griechen ins deutsche Exil und leisteten von dort aus Widerstand. Der Massentourismus, der ab dem Beginn der 70er Jahre das Land für die Deutschen erschloss, brachte die beiden Völker näher zusammen als je zuvor. Die deutsch-griechische Freundschaft schien trotz der Schrecken des Krieges neu begründet und unzerstörbar.

Diese Freundschaft ist jetzt ernsthaft in Frage gestellt, weil EU-Europa mit Deutschland als Hegemonialmacht das Ursprungsland der europäischen Kultur und Identität zu einer Art Schuldenkolonie gemacht hat, in der heute weit verbreitete Armut herrscht. Denn die – ganz im Geiste des Neoliberalismus durchgeführte – Spar- oder Austeritätspolitik EU-Europas bedeutet für die Griechen drastische Lohn- und Einkommenseinbußen sowie einen ebenso drastischen Sozialabbau auf Grund der verordneten Haushaltskürzungen. Auf diese Weise soll Griechenland „saniert“ werden, um seine Schulden bei den internationalen Banken abzuzahlen. Das Land geriet in Folge dieses rigorosen Austeritätskurses aber nicht in den Bereich schwarzer Zahlen, sondern immer tiefer in die Rezession. Zahlen belegen das.

Die Sparmaßnahmen führten nicht zu einem Abbau der Schulden, sondern zu ihrem massiven Anstieg. Lag Griechenlands öffentliche Verschuldung im Jahr 2000 relativ stabil bei 115 Prozent des Bruttoinlandprodukts, so lag sie 2011 schon bei 165 und 2016 bei etwa 180 Prozent. Die griechische Wirtschaft schrumpfte von Jahr zu Jahr. Die Arbeitslosigkeit liegt heute bei 25 Prozent, bei Jugendlichen bis 24 Jahren sogar bei über 50 Prozent. Es ist schon von einer *verlorenen Generation* die Rede. Die Selbstmordrate ist im Gefolge der Krise eminent angestiegen und ist heute die höchste in Europa. Das markante Symbol des Abstiegs des Landes sind wie im Krieg in den großen Städten die Suppenküchen, die die in totale Armut abgerutschten Menschen versorgen.

Kritische Wissenschaftler haben schon früh vor der Sparpolitik gewarnt, die sehr der gescheiterten Politik des deutschen Reichskanzlers Heinrich Brüning zu Beginn der dreißiger Jahre des letzten Jahrhunderts ähnelt, und haben eine einfache Rechnung aufgemacht: „Wenn ein Land nur noch spart, sinkt die Nachfrage massiv, und damit brechen die Gewinne der Unternehmen ein. Also kürzen die Firmen die Löhne und Gehälter ihrer Angestellten, die dadurch weniger Geld in der Tasche haben. So sackt die Nachfrage noch weiter ab, und das Wirtschaftswachstum bricht ein." Genau das ist in Griechenland geschehen. Schon der Klassiker der Wirtschaftswissenschaft John Maynard Keynes hatte festgestellt: Sobald die Nachfrage schwächelt, muss die Politik dieses Defizit ausgleichen.

Dass die Hauptverantwortlichen dieser Kahlschlagspolitik gegenüber Griechenland – Bundeskanzlerin Angela Merkel und Finanzminister Wolfgang Schäuble – dies nicht sehen und in ihrer Politik berücksichtigen, belegt klar und deutlich, dass man mit der Sparpolitik gegenüber Griechenland nicht die Menschen, sondern die Gläubiger (vor allem französische und deutsche Banken) retten wollte und will. Man hat in den EU-Eliten Griechenland ganz offensichtlich als Testfall ausersehen, den der Historiker Karl Heinz Roth so beschreibt: „Inzwischen beginnt die griechische Entwicklung zum Menetekel für ganz Europa zu werden. Griechenland ist zu einem Laboratorium geworden, in dem ein soziales Experiment stattfindet, das klären soll, wie weit das System der Arbeitsarmut, der Ausbeutung des Arbeitsvermögens unterhalb der Grenze seines Existenzminimums, vorangetrieben, verstetigt werden kann." Griechenland ist also zum „Versuchstier" geworden, an dem erprobt werden soll, wie weit man ein Land wirtschaftlich und sozial auf eine niedrigere Stufe des Lebensstandards herabstufen kann.

Nun ist Griechenland natürlich nicht unverschuldet in die Krise geraten. Das Land hat zunächst in der Regierungszeit von Andreas Papandreou in den 80er Jahren und später insbesondere während der Regierung der Nea Demokratia unter Kostas Karamanlis von 2004 bis 2009 enorme Schulden gemacht, die ihre Ursache oft im Klientelismus und in der Vetternwirtschaft hatten. Vor allem die Schicht der Oligarchen und Superreichen entzogen dem Fiskus durch Steuerflucht ins Ausland riesige Beträge – sie liegen im dreistelligen Milliardenbereich. Diese Transfers wurden bis in jüngste Zeit auch von der linken Syriza-Regierung nicht unterbunden oder strafrechtlich verfolgt. Auch Korruption und Bestechung spielten eine Rolle, wobei dieser Vorwurf vor allem wieder an die reiche Oberschicht und die damaligen Regierungen geht. Das ist aber kein griechisches Phänomen; auch deutsche Konzerne sollen hier kräftig mitgemischt haben – allein Siemens soll für die politische Landschaftspflege in Griechenland bis zu 180 Millionen Euro Bestechungsgeld gezahlt haben.

Trotz dieser griechischen Sünden muss man fragen: Was ist aus der hehren Europa-Idee geworden, wenn es möglich ist, dass ein Land dieses Kontinents – noch dazu das Ursprungsland der europäischen Zivilisation, die in Kreta begonnen hat – so in den Abgrund gestürzt werden kann? Die momentane Regierungspartei Syriza, die im Widerstand gegen das Diktat EU-Europas entstanden ist, formuliert es so: „Das Europäische Haus kann nicht als Privateigentum der ‚Märkte' und ihrer Kernmächte (vor allem Deutschland) betrachtet werden. In ihm leben Länder wie Griechenland nicht nur auf Widerruf zur Miete, um bei Mietrückstand auf die Straße gesetzt zu werden. Das Europäische Haus wird Kondominium sein oder gar nicht."

Syriza war mit dieser Europa-Idee politisch angetreten und konnte die wirtschaftliche Rationalität als ihr bestes Argument anführen: dass nur ein Schuldenschnitt und großzügige Investitionen (etwa eine Art Marshall-Plan wie für Deutschland nach dem Krieg) dem Land wieder auf die Beine helfen könnte. Ein anderer sinnvoller Lösungsvorschlag war, die Abzahlung der Schulden an den Zuwachs der griechischen Wirtschaft zu koppeln. Das hätte europäische Solidarität bedeutet, aber dagegen stemmte sich vor allem die deutsche Hegemonie. Stattdessen musste der griechische Ministerpräsident

Alexis Tsipras am 13. Juli 2015 die bedingungslose Kapitulation für sein Land unterschreiben, nachdem seine Regierung ein halbes Jahr lang alle Möglichkeiten der parlamentarischen Demokratie ausgeschöpft hatte, um das Desaster doch noch abzuwenden.

Aber die Euro-Gruppe wollte es anders. Mit der Drohung der Bankenschließung, des Staatsbankrotts und des Grexit (Ausschluss Griechenlands aus der EU und dem Euro) zwang die Euro-Gruppe die griechische Regierung in die Knie. Der Vorgang glich einem Putsch, einer Erpressung. Tsipras musste sogar noch draufsatteln: Er musste die Renten kürzen, die Steuern erhöhen und sich bereit erklären, das Tafelsilber seines Landes zu verhökern: Flughäfen, Häfen, die Staatsbahn und die Energieversorgung meistbietend zum Ausverkauf freizugeben. Es wurde sogar vorgeschlagen, zur Deckung der Schulden ganze Inseln zu verscherbeln. Die stolzen Hellenen haben im eigenen Land so gut wie nichts mehr zu sagen, ihre Würde und Selbstachtung ist der Euro-Gruppe völlig egal. Das Land wurde auf Dritte-Welt-Niveau herabgestuft, es ist kein souveräner Staat mehr.

Deutschlands Rolle in dieser Tragödie war besonders abstoßend. Denn die deutschen Machteliten zeigten nicht die geringste historische und politische Verantwortung, von der zum Beispiel gegenüber Israel ständig die Rede ist. Die deutschen Untaten in Griechenland im Zweiten Weltkrieg scheinen offenbar vergessen. Hitlers Wehrmacht hatte das Land im April 1941 überfallen, in einem Blitzkrieg erobert, und anschließend eine barbarische Besatzungsherrschaft ausgeübt. Historiker sprechen in diesem Zusammenhang von einem Dreischritt: *Raubwirtschaft, Terror und Vernichtung*. Die deutsche Besetzung führte zum völligen Zusammenbruch und zur weitgehenden Zerstörung der griechischen Volkswirtschaft. Denn das Land wurde systematisch ausgeplündert. In großem Stil wurden seine Rohstoffe und die landwirtschaftlichen Produkte geraubt und nach Deutschland geschafft. Außerdem musste Griechenland die Besatzungskosten und monatliche Getreidelieferungen für die Wehrmacht aufbringen. Die Folgen waren eine Hyperinflation und der Hungerwinter 1941.

Das Land musste einen hohen Blutzoll entrichten: Dem deutschen Angriffskrieg und der Besatzungsherrschaft sind über eine halbe Million Menschen zum Opfer gefallen. Im Einzelnen gliedern sich die Zahlen so auf: mindestens 125 000 sind verhungert, etwa 100 000 Griechen starben in deutschen Konzentrationslagern, 91 000 wurden als Geiseln ermordet, 58 000 Juden wurden ihres Eigentums beraubt und im Holocaust ermordet. Bei Razzien und Vergeltungsaktionen der Wehrmacht und der SS starben 56 000 Menschen. Im Rahmen der Repressalien gegen die vom bewaffneten Widerstand kontrollierten Gebiete wurden 1600 Ortschaften und etwa 350 000 Häuser zerstört, so dass eine Million Menschen obdachlos wurde. Allein der Verkehrswert der zerstörten Gebäude beträgt 3,5 Milliarden Reichsmark. Dazu kommt die fast völlige Zerstörung der Verkehrsinfrastruktur (Straßen- und Eisenbahnbrücken, Bahnhöfe, Schienennetze, Hafenanlagen und Kanäle) während des Rückzugs der deutschen Truppen 1944, der unter dem Motto *verbrannter Erde* erfolgte. Das angerichtete menschliche Leid entzieht sich jeder Berechnung. (Die Zahlenangaben stammen von dem Historiker Karl Heinz Roth).

Die deutschen Besatzer pressten der griechischen Nationalbank außerdem eine Zwangsanleihe ab. Der heutige Wert diese Anleihe, die nach dem Krieg zurückgezahlt werden sollte, was aber nie geschah, wird von Fachleuten unterschiedlich eingeschätzt. Die Berechnungen liegen zwischen drei und 64 Milliarden Euro. Griechische Experten gehen von 11 Milliarden Euro aus. Andere Experten schätzen die Gesamtschulden Deutschlands gegenüber Griechenland auf bis zu 160 Milliarden oder sogar auf 575 Milliarden Euro. (Wikipedia)

Die Bundesrepublik, als Nachfolgestaat des Dritten Reiches, weigert sich bis heute, Entschädigungen oder Reparationen an Griechenland zu zahlen. Die Regierung Adenauer war nur bereit, Wiedergutmachung an spezielle Gruppen von NS-Verfolgten (rassisch oder glaubensmäßig Geschädigte) zu bezahlen, was hieß, dass nur Juden beziehungsweise ihre Gemeinden Geld bekamen. Der deutsche Kanzler erpresste Griechenland, indem er dem zerstörten und ausgebluteten Land die Verbesserung der wirtschaftlichen Beziehungen unter der Bedingung anbot, dass Griechenland deutsche Kriegsverbrecher juristisch nicht weiter verfolgen würde. Gegen keinen einzigen dieser Täter wurde in Deutschland Anklage erhoben.

Die Bundesrepublik profitierte aber selbst von einem Schuldenschnitt, den es Griechenland heute verweigert: Auf der Londoner Konferenz 1953 wurden Reparationsansprüche gegenüber Deutschland durch ein Moratorium zurückgestellt. Erst ein Friedensvertrag mit Deutschland sollte darüber befinden. Der Westen brauchte die junge Bundesrepublik als antikommunistischen Vorposten im Kalten Krieg und verschonte sie deshalb vor finanzieller Überforderung. Ohne dieses Moratorium hätte es in Westdeutschland vermutlich nie ein Wirtschaftswunder gegeben. Der Zwei-Plus-Vier-Vertrag, der 1990 Voraussetzung für die deutsche Wiedervereinigung war und als Friedensvertrag gilt, sieht keine Regelung für eine Reparations- und Entschädigungspflicht vor, so dass Griechenland für die deutschen Verbrechen zwischen 1941 und 1944 nie entschädigt worden ist.

Man muss die Behandlung dieses kleinen südosteuropäischen Landes im Zusammenhang mit der gegenwärtigen Krise als moralischen Tiefpunkt der deutschen Politik ansehen, wozu die deutschen Mainstream-Medien in ihrer Mehrheit die schlimme publizistische Begleitmusik spielten. Ein Minimum an Fairness fehlte, was eine Krise der politischen Kultur in Deutschland belegt. Natürlich wurde die Schuldenmisere zu hundert Prozent den Griechen selbst angelastet, Europa, die Märkte und die Banken haben damit nichts zu tun. Auch nicht die griechischen Oligarchen, die mit ihrer Steuerflucht den drohenden Staatsbankrott maßgeblich mit verursacht haben. Sie sind im *Europa der Märkte* angesehene Geschäftspartner. Attackiert wurde in den meisten deutschen Medien die neue Syriza-Regierung, die man als „Europa-kritisch", ja als „Europa-feindlich", „populistisch", „reformfeindlich", „linksradikal" und „wirtschaftsfeindlich" beschrieb.

Schuld an der Krise war und ist nach Darstellung dieser Medien aber der „griechische Nationalcharakter". Die Griechen sind danach (hier tat sich BILD besonders hervor) ein „halb-orientalisches Balkanvolk" und deswegen „faul", „chaotisch", „seltsam" und „anormal", sie sind „Pleite-Griechen", „Trickser" und „Lügner". Dass man damit in Deutschland in die schlimmsten nationalistischen, ja rassistischen Stereotypen zurückfiel, die man eigentlich überwunden glaubte, wurde übersehen oder man war sich dessen gar nicht bewusst, was aber keine Entschuldigung ist. Den heutigen Griechen wurde sogar die Kontinuität mit ihren antiken Vorfahren bestritten. Der Basistext der deutschen Leitmedien war der FOCUS-Artikel von Michael Klonovsky *2000 Jahre Niedergang* (22. Februar 2010), zu dem das Coverbild einer den Stinkefinger zeigenden Venus von Milo gestellt war.

Um seine Thesen von der heutigen Dekadenz des griechischen Volkes belegen zu können, musste der Autor, der seit Juni 2016 publizistischer Berater der AfD-Vorsitzenden Frauke Petry ist, auf einen rassistischen Text aus dem Jahr 1830 zurückgreifen. Dort hatte der Gegner der damals für die Freiheit Griechenlands kämpfenden Philhellenen, Jakob Philipp Fallmerayer, geschrieben: „Kein Tropfen des Heldenblutes fließt ungemischt in den Adern der jetzigen Neugriechen. Eure schwärmerische Teilnahme [der Philhellenen] ist verschwendet an ein entartetes Geschlecht, an die Abkömmlinge jener slawischen Unholde, die im fünften und sechsten Jahrhundert über das byzantinische Reich hereinbrachen und die hellenische Nationalität mit Stumpf und Stiel ausrotteten." Ein Text, auf den sich Nazi-Autoren wie Erhard Kästner gern beriefen, um ihrer Verachtung für die Neugriechen Ausdruck zu geben.

Eine ähnlich verachtende Sprache benutzten die deutschen Mainstream-Medien, als sie die von der Mehrheit der Griechen gewählte Syriza-Regierung als einen „Haufen durchgeknallter Polit-Anfänger" und ihre Politik als „Irrsinns-Trip" bezeichneten (Ernst Elitz in BILD am 17. Februar 2015). In der FAZ wurde die griechische Regierung als „Halbstarke" bezeichnet. Dass die Griechen am 5. Juli 2015 in einer Volksabstimmung dem EU-Diktat mit einer Zwei-Drittel-Mehrheit ein *OXI* (Nein!) entgegensetzten, fand die FAZ „putzig". SPIEGEL-Kolumnist Jan Fleischauer unterstellte der Regierung in Athen sogar „psychopathologische" Züge. Ein Unterschied zwischen Boulevard und seriösen Medien lässt sich da nicht mehr feststellen. Ein Volk, das eine solche Regierung wählte, musste offenbar mit harten Maßnahmen bestraft werden. Wann ist man je mit der Regierung eines „befreundeten" europäischen Staates so umgegangen?

Auch der Kreter Alexis Sorbas aus Nikos Kanzantzakis berühmten Roman musste der FAZ zur Erklärung des angeblichen dionysischen Charakters der heutigen Griechen herhalten. Das ausgelassene Tanzen der Griechen (wie Sorbas am Ende von Roman und Film, als die gerade fertig gebaute Seilbahn krachend zusammenbrach) hat danach die Funktion, Scheitern auch noch zu feiern. Ein völliges Missverstehen von Kazantzakis' Text, denn der Autor hatte den Zusammensturz der Seilbahn und Sorbas' Tanz als Reaktion darauf ganz im Sinne Nietzsches als *dionysischen Nihilismus* verstanden. Das heißt: Ja sagen zum Leben so wie es ist – und das schließt Zerstörung und Tod mit ein. Wenn man bedenkt, dass Kazantzakis seinen *Alexis Sorbas* unmittelbar nach dem von Deutschland ausgelösten Zweiten Weltkrieg und im Angesicht des von Deutschland zerstörten Europa geschrieben hat, bekommt der Tanz des Sorbas eine ganz andere Bedeutung.

Die Urheber der verachtenden Darstellung der Griechen, ihrer Regierung und deren Politik in deutschen Medien muss man als intellektuelle Brandstifter bezeichnen. Schon allein angesichts des Unglücks und des Leids, das Deutsche diesem Volk zugefügt haben, hätte es der deutschen Politik gut angestanden, die Bewältigung der Schuldenkrise nicht mit Arroganz und Hochmut anzugehen, sondern mit Verständnis, Zurückhaltung und Hilfsbereitschaft, auch wenn die Gesetze der Märkte andere sind. So hat Deutschland einem Europa der Gerechtigkeit und Solidarität keinen Dienst erwiesen. Ganz im Gegenteil.

Angesichts der veränderten Weltlage und der Zuspitzung der EU-Krise 2017 sollte heute eine der europäischen Idee und ihrer Werte angemessene und verantwortungsvolle deutsche Politik eine selbstkritische Wendung vollziehen und der ökonomischen und sozialen Spaltung Europas entgegenwirken statt sie zu vertiefen. Dazu gehört es, erneut an die guten Zeiten der deutsch-griechischen Freundschaft anzuknüpfen, und die entstandenen Irritationen, Anfeindungen und Risse in den gegenseitigen Beziehungen der letzten Jahre zu beseitigen und dazu beizutragen, die Krise Griechenlands mit Solidarität und Hilfsbreitschaft zu bekämpfen, um so einen nachhaltigen Beitrag zur Lösung der Krise Europas und damit seiner Stellung in der Welt zu leisten.

Arn Strohmeyer im Frühjahr 2017

Erstes Kapitel

Wenn Zeus Europa nicht nach Kreta entführt hätte

Wenn ich in Matala wieder einmal zu den Höhlen hinaufsteige, mich vor einer der alten Hippie-Behausungen niedersetze und von dem erhöhten Felspodest aus auf den Strand mit seinem bunten Badetrubel hinabblicke, dann frage ich mich, was dieser Küste und die auf beiden Seiten der Bucht ins Meer abfallenden Felsen in den zurückliegenden Jahrtausenden alles gesehen und erlebt haben. Wie mag es hier ausgesehen haben, als Matala minoischer, später dorischer und dann römischer Hafen war? Wer hat diese Höhlen mit den Sarkophagen und Rundbögen im Inneren in den Fels geschlagen? Oft ging es in dieser kleinen Bucht auch brutal und gewalttätig zu, etwa als die Araber hier im Jahr 800 n. Chr. mit ihren Schiffen anlandeten und ihren blutigen Raubzug über die ganze Insel begannen. Oder wenn Piraten hier einfielen und Angst und Schrecken verbreiteten.

Auch während der Jahrhunderte langen Türkenherrschaft wird es hier Säbelgeklirr und die Schreie der Unterdrückten gegeben haben. Immer wieder werden die Menschen vor den Gefahren, die vom Meer kamen, ins Hinterland geflohen sein. Ab 1941 herrschte Hitlers Soldateska hier – die älteren Bewohner denken noch mit Schrecken an diese Zeit. Zwanzig Jahre nach dem Krieg ging es an diesem Strand aber äußerst friedlich zu. Da kamen die Blumenkinder aus aller Welt, wohnten hier in den Höhlen, lebten ihr *love and peace* und feierten abends am Lagerfeuer ihre ausgelassenen Partys. Die Hippies waren sozusagen die Trendsetter, denn nach ihnen kamen die Touristen zu Zehntausenden. Sie haben das kleine, abgelegene Fischerdorf am Rande der Welt, das damals nicht einmal über eine Zufahrtsstraße und über Elektrizität verfügte, zu einem völlig anderen Ort gemacht.

All dies zieht in Gedanken an mir vorüber. Ich würde gern in eine Zeitmaschine steigen, um die ganze bunte Geschichte Matalas wie in einem Breitwandfilm erleben zu können, möchte als Beobachter mitten drin stehen im Ablauf der Zeiten. Was für ein historisches Panorama wäre das! Aber die Geschichte Matalas ist wie die so vieler Orte hier hinter dem Horizont der Zeit verschwunden oder verwittert im Erdreich oder im Meer versunken. Sie ist nicht leicht, und wenn überhaupt, dann nur in Teilen rekonstruierbar. Noch schwerer bekommt man den Mythos zu fassen, der sich hier am Strand abgespielt haben soll. Er ist einer der bedeutendsten und folgenreichsten Mythen des Abendlandes und wohl der am meisten in der Kunst dargestellte. Es ist die sagenhafte Geschichte von Zeus und Europa.

Ich will ihn in der etwas altmodischen Version und Sprache des Pfarrers, Gymnasialprofessors und Poeten Gustav Schwab (1792 bis 1850), aufleben lassen, der unter dem Titel *Sagen des klassischen Altertums* einen Bestseller geschrieben hat. „Im Lande Thyrus und Sidon erwuchs die Jungfrau Europa, die Tochter des Königs Agenor, in der tiefen Abgeschiedenheit des väterlichen Palastes." So beginnt die Erzählung, die von der Liebe des allmächtigen Göttervaters vom Olymp zu der schönen Prinzessin Europa handelt. Thyrus und Sidon waren phönizische Städte, und Agenor war der Herrscher über dieses Volk, dessen Siedlungsgebiet der heutige Libanon war. Die bezaubernde Königstochter, die Schwab „holdselig" nennt, spielt am Strand des Zedernlandes mit ihren Freundinnen. Die Mädchen pflücken Blumen und flechten daraus Kränze. „Da griff in das sorglose Jugendleben Europas das Schicksal ein." Ein Stier näherte sich ihr: „groß, herrlich von Gestalt, mit schwellenden Muskeln am Halse und vollen Wampen am Bug. Seine Hörner waren zierlich und klein, wie von Händen gedrechselt und durchsichtiger als reine Juwelen. Nur auf der Stirne schimmerte ein silberweißes Mal, dem gekrümmten Horne des wachsenden Mondes ähnlich. Bläuliche, von Verlangen funkelnde Augen rollten ihm im Kopfe."

Sein Begehren war verständlich, denn der Stier war der in Europa verliebte Göttervater Zeus, der gern und oft irdischen Schönheiten nachstellte. Er hatte sich listig in dieses schöne Tier verwandelt, um seine Leidenschaft vor dem Zorn seiner eifersüchtigen Gattin Hera zu verbergen. Der große Stier gab sich sehr friedlich, ja zahm und lieb, so dass die Mädchen mit Europa vorneweg furchtlos auf ihn zugingen. Die Königstochter bot ihm den gepflückten Blumenstrauß dar, „der Stier leckte schmeichelnd die gereichten Blumen und die zarte Jungfrauenhand, die ihm den Schaum abwischte und ihn liebreich zu streicheln begann. Ja, Europa drückte sogar einen Kuss auf seine Stirne."

Der Stier fühlte, dass er der Erfüllung seiner Wünsche näher kam. „Da ließ das Tier ein fremdartiges Brüllen hören, nicht wie andere gemeine Stiere brüllen, sondern es tönte wie der Klang einer lydischen Flöte, die ein Bergtal durchhallt. Dann kauerte er sich zu den Füßen der schönen Prinzessin nieder, blickte sie sehnsüchtig an und zeigte ihr den breiten Rücken." Europa verstand die Aufforderung und leichtsinnig und übermütig sprang sie darauf. Der Stier hatte auf diese Annäherung nur gewartet und „wie ein fliegendes Ross" strebte er mit seiner Beute über den Strand dem Meer zu. „Und ehe Europa sich besinnen konnte, war er mit einem Satz ins salzige Wasser gesprungen und schwamm mit seiner teuren Last dahin. Die Jungfrau hielt mit der Rechten eines seiner Hörner umklammert, mit der Linken stützte sie sich auf den Rücken."

Zwei Tage und eine Nacht schwamm der Stier dahin „wie ein Schiff" und verstand es, die Wellen geschickt zu umgehen, so dass seine schöne Beute vom Meerwasser nichts abbekam. Am zweiten Abend erreichten sie ein fernes Ufer. Der Stier schwang sich an Land, setzte Europa unter einem Baum ab und entschwand ihren Blicken. Es erschien ein schöner, „herrlicher, göttergleicher Jüngling". Er erklärte dem erschöpften Mädchen, er sei der Herrscher über die Insel Kreta und würde sie beschützen, „wenn er durch ihren Besitz beglückt würde". Natürlich handelte es sich bei dem schönen jungen Mann um Zeus – in neuer Gestalt. Die unglückselige Europa willigte ein. Was sollte sie in ihrer Not anderes tun? Zeus aber verschwand so plötzlich wie er gekommen war.

Da saß Europa nun einsam am sandigen Strand und weinte bittere Tränen. Sie empfand große Schuld gegenüber dem Vater, den sie so leichtfertig verlassen hatte. Nun betrachtete sie zum ersten Mal den Strand, an den der Stier sie gebracht hatte. In der Schilderung Gustav Schwabs kann man ohne große Fantasie Matala erkennen, obwohl der Name des Ortes nicht fällt: „Unbekannte Bäume und Felsen umgaben sie, und eine unheimliche Meeresflut schäumte an starren Klippen sich brechend, empor am nie geschauten Gestade." Als sie in ihrem Kummer Selbstmordgedanken hegt, blickt sie „auf das Felsgestein, von welchem herab dich ein Sprung in den Sturm der Meeresflut begraben wird." Aber sie kann nicht springen, denn plötzlich steht „in überirdischem Glanze" die Liebesgöttin Aphrodite vor ihr. Sie spricht zu Europa: „Lass deinen Zorn und Hader, schönes Mädchen! Tröste dich, Zeus ist es, der dich geraubt hat. Du bist die irdische Gattin des unbesiegbaren Gottes: Unsterblich wird dein Name werden, denn der fremde Weltteil, der dich aufgenommen hat, heißt hinfort Europa."

Unter einer Platane bei Gortyn hat Zeus Europa zum ersten Mal geliebt. Aus der Verbindung gingen drei Söhne hervor: Minos, Rhadamanthys und Sarpedon. Als Zeus Europa endgültig verließ, verheiratete er sie mit Asterios, dem Herrscher über das Eiland. Dieser adoptierte die drei Söhne Europas. Ihm schenkte sie eine Tochter Krete, nach der die Insel ihren Namen erhielt. Minos und Rhadamantys herrschten nach dem Ableben ihres Stiefvaters als kluge und weise Könige viele Jahre im Palast von Knossos über die Insel. Nach ihrem Tod wurden sie zu Richtern der Verstorbenen in der Unterwelt oder im Elysium. Der dritte Sohn, Sarpedon, bestieg den Königsthron von Lydien in Kleinasien und starb dort hoch betagt. Soweit der Mythos, in dem Matala eine so wichtige Rolle spielt.

Es gibt verschiedene Deutungen dieses Mythos, wobei vor allem die Frage interessiert: Wie war das Verhältnis zwischen Zeus und der schönen Königstochter? War es Raub oder hat sich Europa dem Stier freiwillig hingegeben? Der Mythos an sich bietet immer nur Bilder von Menschen, Orten und Dingen, sagt aber nichts oder nur wenig darüber, ob und welche Beziehungen zwischen ihnen, ihren Aktionen und Erlebnissen bestehen.

Der römische Dichter Ovid (43 v. Chr. bis 17 n. Chr.) erzählt die Geschichte so, dass man von einer Entführung, Vergewaltigung und schließlich einem unfreiwilligen Exil der Königstochter auf Kreta ausgehen muss. Sucht man nach historischen Vorlagen, die zur Entstehung des Mythos geführt haben könnten, bieten sich drei Theorien an: Vorgeschichtler haben sehr frühe Kontakte zwischen dem asiatischen Anatolien und Kreta ausgemacht. Denn in der Mitte des dritten Jahrtausends tauchte eine völlig neue Kultur auf, die bisher nicht bekannte Techniken der Metallverarbeitung beherrschte. Anatolische Invasoren (die Luwier) hatten ihre Kultur offenbar mit nach Kreta gebracht, die später die minoische genannt wurde – und der mythische König dieses Volkes war Minos, der Sohn der Europa. Es gibt auffallende Ähnlichkeiten zwischen Palastanlagen in Anatolien und den minoischen Palästen von Knossos, Phaistos und Malia auf Kreta. (Die Herkunft der Minoer ist bis heute umstritten.)

Eine andere Theorie besagt, dass der Mythos die Eroberung des minoischen Kretas durch die Festlandgriechen (die Mykener) nach 1450 v. Chr. zum Hintergrund hat. Die Mykener brachten ihre höchste männliche Gottheit Zeus mit auf die Insel. Dort hatte bisher eine Muttergottheit (die *magna mater*) regiert, die einen jugendlichen Begleiter bei sich hatte, der die stets erneuernde Kraft der Natur verkörperte. Die Verbindung von Zeus und der großen Mutter führt zum Sieg der männlichen Vorherrschaft, des patriarchalischen Prinzips auf Kreta. Die Söhne des Zeus übernehmen dann die Herrschaft. Der Stier war den Minoern ein heiliges Tier, weshalb sie den fremden Gott in Stiergestalt akzeptieren konnten.

Die wahrscheinlichste Theorie besagt, dass Europa symbolisch für den Einfluss steht, den die Phönizier auf Griechenland und damit auch auf Kreta genommen haben. Dieses Volk, dem die Königstochter Europa entstammte, war semitischen Ursprungs. Der griechische Geschichtsschreiber Herodot (490/480 bis 424 v. Chr.) hat berichtet, dass der Phönizier Kadmos, der Bruder Europas, auf der Suche nach seiner verschollenen Schwester nach Griechenland gekommen sei und dort die griechische Stadt Theben gegründet habe. Er habe den Griechen das phönizische Alphabet mitgebracht, das zur Grundlage der griechischen Schrift geworden sei. Der Ägypter Danaos habe in der Argolis (Peleponnes) gesiedelt, was beides auf einen bedeutenden Einfluss ostmittelmeerischer Kulturen auf das frühe Griechenland hinweist. Sprachwissenschaftler haben auf einen gewissen Anteil semitischer Wörter im Altgriechischen hingewiesen. Der norwegische Sprachforscher Kjell Artun hat nachgewiesen, dass die Minoer, die Kreta lange beherrschten (bis etwa 1500 v. Chr.), ein semitisches Volk aus dem südöstlichen Mittelmeerraum waren. Es haben also ganz offenbar ein Kultureinfluss und eine Besiedlung von Osten nach Westen stattgefunden. In der Vermählung von Zeus, dem obersten Gott des griechischen Pantheon, mit Europa auf Kreta findet die mythische Symbiose der Kulturen von Ost und West statt, um etwas ganz Neues hervorzubringen.

Die Legende von Zeus und Europa ist also ein Gründungsmythos, der eine neue Herrschaft auf Kreta legitimierte, was belegt, dass Mythen oft in Umbruchzeiten entstehen. Dieser Mythos war auch die Stiftungslegende für einen ganzen Erdteil, dessen heutige Währung – der Euro – nach dem schönen Mädchen von der phönizischen Küste benannt ist. Aber man darf nicht vergessen: Europa war von ihrer Herkunft her eine Orientalin. Eine Tatsache, die überzeugte Abendländer gern übersehen. Der Erdteil, dem sie den Namen gab, hat also auch einen orientalisch-asiatischen Anteil, der nicht zufällig mit Kreta zu tun hat, das am Schnittpunkt dreier Welten liegt: Europa, Afrika und Asien.

Mythen (nicht künstlich konstruierten und instrumentalisierten) ist in ihrem Wesen immer ein psychologischer Kern eigen. Vermutlich hat Thomas Mann darauf hinweisen wollen, als er schrieb: „Die Urgründe der Menschenseele sind zugleich auch Urzeit, jene Brunnentiefe der Zeiten, wo der Mythos zu Hause ist und die Urnormen, Urformen des Lebens gründet. Denn der Mythos ist Lebensgründung; er ist das zeitlose Schema, die fromme Formel, in die das Leben eingeht, indem es aus dem Unbewussten seine Züge reproduziert." Vor allem die Psychoanalyse weiß darum, wie schwer die Urgründe zu deuten sind.

Es ist erstaunlich, was spätere Zeiten in den Mythos von der schönen Königstochter hineingedeutet haben. Im christlichen Mittelalter bewiesen die Theologen unter Berufung auf die liebevolle Beziehung Europas zum Stier die Jungfräulichkeit Marias. Es wurde auch die These vertreten, dass die Jungfrau Europa die menschliche Seele versinnbildliche. Und Zeus sei Christus, der sich, um die Seele der Menschen zu retten, in einen Stier verwandelt habe. Deshalb habe er körperliche Gestalt angenommen. Es gab auch bildliche Darstellungen des Themas: Die fromme Seele Europa nähert sich dem Stier (Christus) in Verehrung und Liebe. Bis in die frühe Neuzeit symbolisieren die Meerfahrt der Europa auf dem Stier und ihr Blick zurück auf die heimatliche Küste die Seele des Menschen, die sich in ihrem irdischen Leben vor Sehnsucht nach Gott verzehrt, zu dem sie zurückkehren will, weil er das Heil und das höchste Gut ist.

In der Renaissance gewinnt die antike Mythologie immer stärkere Eigenständigkeit, die Mythendeutung trennt sich von der christlichen Heilsvorstellung und wird rationalistisch. Für Boccaccio (1313 bis 1375) etwa hat die Entführungsepisode einen moralphilosophischen Aspekt: Man darf jungen Mädchen nicht so viel Freiheit geben, sonst kommen sie auf dumme Gedanken und verschwinden mit einem dahergelaufenen Stier. Unter dem Einfluss der antiken stoischen Philosophie, die lehrte, dass die Affekte der Seele dem Glück im Wege stehen, gestalteten die Maler der Zeit das Thema: Der Mensch kann sein Heil nicht erkennen, solange ihn übermäßige Gefühle beherrschen.

So wird etwa Tizians Bild *Die Entführung der Europa* ganz im Sinne der stoischen Philosophie gedeutet. Es schildert den Augenblick, als der Stier das Ufer verlässt und seine Meerfahrt beginnt. Europa liegt hilflos auf dem Rücken des Stiers, nur mit der Linken umklammert sie ein Horn. Sie hatte offenbar bei dem schnellen Abschied keine Zeit gefunden, eine sichere Position einzunehmen. In einer Interpretation des Bildes heißt es: Europa ist so von den auf sie einströmenden widerstreitenden Gefühlen überwältigt, dass sie ganz davon in Anspruch genommen ist, das Gleichgewicht auf dem dahinstürmenden Stier zu finden.

Hier wird eine allgemein menschliche Situation geschildert: Europa steht als Symbol für die menschliche Seele schlechthin, die von dem Stier, d.h. vom menschlichen Leib durch das Leben und die Welt getragen wird. An diesem Punkt kommt die Maxime der stoischen Philosophie zur Anwendung: Die in extreme Aufregung versetzte Seele muss die vier Affekte Furcht, Freude, Begierde und Schmerz überwinden, nur dann kann sie zu Gleichmut und Glück gelangen. Kreta wird auf den Darstellungen dieser Epoche immer als mächtige, prachtvolle und hoch zivilisierte Insel dargestellt – der Europa-Gedanke wird so auf das Goldene Zeitalter zurückgeführt.

Die Humanisten und auch einige Maler nutzen in dieser Zeit den Mythos für ihre Kritik an den damals herrschenden Zuständen, vor allem an der Macht des Klerus. In den allegorischen Darstellungen stehen die Gefährtinnen der Königstochter verzweifelt am phönizischen Strand, aber weniger wegen der Entführung, sondern sie fürchten um Europas Schicksal. Sie fällt Klerikern in die Hände, die sie unbarmherzig ausplündern – allen voran der Papst, der ihr die phönizische Krone entreißt. Europa – beraubt und vergewaltigt von den Kirchenmännern – wird mit Christus verglichen, dem die Dornenkrone aufgezwungen wurde. Der nach ihr benannte Kontinent wird nicht mehr geographisch verstanden, sondern der Name steht nun für die gesamte Christenheit, die dem Stellvertreter Christi anvertraut ist. Europa wird aber von diesem und seinen Helfern schamlos bestohlen, entehrt und beleidigt. Hinter dieser anonymen Deutung des Mythos wird der Humanist Erasmus von Rotterdam (1466 bis 1536) vermutet. Im Zeitalter der Entdeckungen und des kolonialen Anspruchs pflegt Europa im 16. Jahrhundert den Mythos des auserwählten und überlegenen Kontinents. In Europa ist die einzig wahre Kirche angesiedelt, Europa ist reich und lebt im Überfluss, außerdem ist es führend in vielen Bereichen: Kriegsführung, Landwirtschaft, Viehzucht, Kunst und Wissenschaft.

Im Barock und in der Aufklärung wird der Mythos nicht mehr im Sinne des christlichen Heilsgedankens gedeutet, sondern auf säkulare philosophische, an den Platonismus angelehnte Weise: Die Entführung der Europa wird als der Zustand der Seele verstanden, die sich von den göttlichen Dingen ab- und dem irdischen Leben zuwendet, um dann doch wieder zu den Ideen, zum Ewigen oder zu Gott zurückzukehren. In der Moderne lösen die Künstler den noch bis in die Mitte des 19. Jahrhunderts bei diesem Thema festgelegten Bildtypus bei der Gestaltung des Sujets auf. Nicht mehr das bildnerisch fixierte Ideal stand im Mittelpunkt, der mythische Stoff wird durch Abweichen vom ursprünglichen Symbolgehalt verfremdet und in vielfältigen Metamorphosen dargestellt. Es entstehen neue Mythisierungsprozesse – oft in Anlehnung an die Kunst primitiver Gesellschaften.

Der Kunsthistoriker Siegfried Salzmann beschreibt die moderne Sicht des Europa-Mythos so: „Die freie Erfindung von multifunktionalen Kon-Versionen und multipersonalen Mischwesen hat phantastische künstliche Geschöpfe hervorgebracht, die seit Beginn des Industriezeitalters das Mythologem beleben und aktualisieren. Durch derartige Irritationen und Aktualisierungen befreien sich die Künstler von den Zwängen eines normativen Mythos-Bildes. Sie haben neue Aspekte des Europa-Mythos entdeckt, die von Zweifeln und der Distanz gegenüber den überlieferten Bildern und Klischees leben. Es geht um die ‚Mehrdeutigkeit und Zwischenstationen'. Durch diese kritische und lebendige Art der Offenlegung und Auseinandersetzung besteht Hoffnung, dass das Mythologische in jedweder Gestalt – nicht nur in der der Europa mit dem Stier – neu durchdrungen wird."

Als Beispiel für eine solche Darstellung kann man Max Beckmanns Aquarell *Raub der Europa* anführen. Wild und brutal stürmt hier der Stier davon, gefährlich seine Hörner in die Luft streckend. Die entführte Königstochter ist ihm wie eine Trophäe über den Rücken geworfen; hilflos, ohnmächtig, leblos und um Hilfe rufend hängt sie dort voller Angst, einem ungewissen Schicksal entgegeneilend. Beckmann hat dieses Bild 1933 gemalt und hat damit seine eigene Befindlichkeit beschrieben: seinen Schock über den Zugriff der Nazis nach ihrer Machtergreifung.

Die Nationalsozialisten taten sich mit dem Thema schwer, obwohl sie die aus rassischen Gründen hergeleitete Nähe zur hellenischen Antike ständig betonten. Glaubte man doch, dass die griechische Hochkultur von arischen Einwanderern aus dem Norden geschaffen worden sei. Aus dem Ewigkeitsanspruch der antiken griechischen Kunst wollte man die Ewigkeit des eigenen Systems und deren Kunst ableiten. Das Bildmotiv Europa mit dem Stier gab aber für die nationalsozialistischen Ideologen zunächst wenig her. Das Thema war zu sehr mit dem Schicksal des europäischen Kontinents verbunden, und das Symbol Europa wurde mehr als Symbol der Völkerverständigung verstanden, wohingegen das Ziel der Nazis die Eroberung des Kontinents und dessen Beherrschung unter germanischem Vorzeichen war.

Begeistern konnte man sich aber für die Ur-Kraft der Stiersymbolik, mit ihrem Appell an ekstatische Triebphantasien in vielen Gemälden und Skulpturen. Nicht zufällig stand der Wisent bei den Nazis so hoch im Kurs. Dieses Wunschbild männlicher Kraft – besonders in der bildlichen Verbindung von Mann und Frau – passte zu den faschistischen Phantasien mit ihren Eroberungszielen im ökonomischen und militärischen Krieg (Bernhard Decker). Als dann der Eroberungs- und Vernichtungskrieg da war, kam der Mythos doch noch zu Ehren. Im September 1942 veranstalteten die Nazis im Parlamentsgebäude von Wien den *Europäischen Jugendkongress*. In dessen Lichthof hatte man eine überdimensionale Skulptur von Europa mit dem Stier aufgestellt – sozusagen als Motto des Treffens.

Europa war nun zum Stich- und Kampfwort geworden: Bevor das neue Europa Wirklichkeit werden könne, müsse das grausame Geschäft des Krieges zu Ende gebracht werden und der Organismus der Völker erst ganz und gar durch das Stahlbad des Kampfes gegangen sein, verkündeten die NS-Redner. Ein ganz neuer Europa-Mythos sollte hier geboren werden.

Als Europa dann in Schutt und Asche lag, suchten besonders die Deutschen eine neue Identität, da die alte so furchtbar Schiffbruch erlitten hatte. Der Europa-Gedanke musste deshalb das entstandene Vakuum füllen und als Ersatz dienen – auch wenn dieses Nachkriegseuropa ganz im Zeichen des Kapitals und zunächst des Kalten Krieges stand. Die Deutschen wurden, weil ihnen das nationale Fundament abhanden gekommen war, die treuesten und loyalsten Europäer und waren am ehesten bereit, Souveränität an Europa abzugeben. Aber mit dem bürokratischen Moloch in Brüssel und seiner vor allem von Lobbyisten bestimmten Politik können sich die allerwenigsten Deutschen identifizieren.

Ganz anders stand man in der DDR zu Europa. Der Schriftsteller Durs Grünbein hat dem 2003 in einem Essay Ausdruck gegeben. Mit Neid und Sehnsucht habe er auf ein Europa geblickt, von dem er als DDR-Bürger ausgesperrt war. Europa war für ihn eine Chiffre für das Unerreichbare schlechthin. Er fühlte sich als Teil einer Bevölkerung, die eine Mauer vergessen gemacht hatte, dass sie irgendwann einmal europäisch gewesen war: „Zu spät für Europa geboren oder zu früh, blieb mir zuletzt nur sein Mythos. Ich bin einer von diesen im universellen Sinne Heimatlosen, die von dem alten Europa nur mehr die Trümmer vorfanden, ruinierte Orte wie meine Geburtsstadt Dresden, und von dem neuen nichts als die abweisenden Fassaden der Brüsseler Bürokratie. Und doch habe ich mich immer als Einwohner dieses Kontinents betrachtet.“

Grünbein begründet das mit der Kraft und Mobilität Europas. Der von den antiken Griechen überlieferte Mythos handele nicht nur von einer Gewalttat (Entführung und Vergewaltigung), sondern er habe auch zu einem historisch einmaligen Reifeprozess geführt, der Großzügigkeit, Selbstbestimmung und Toleranz zum Inhalt habe. Zeus habe gewissermaßen kompensiert, was er durch seine unersättliche sexuelle Gier anrichtete und habe damit das Vorbild für jene typisch europäische Dynamik geliefert, wie sie der Philosoph Georg Friedrich Hegel später den Geschichtsgläubigen unter der Reklameformel vom *Weltgeist* schmackhaft gemacht habe. Aber es sei ein langer Weg gewesen, mit vielen Rückfällen in übelsten Patriotismus, bis daraus Selbstdisziplin und völkerrechtliche Verbindlichkeit geworden seien. Für Grünbein war die europäische Welt 2003 also noch in Ordnung.

Das hat sich inzwischen gründlich geändert. Der alte Kontinent steckt tief in der Krise: „Europa zerbricht. Eine gewaltige tektonische Verschiebung des sozioökonomischen Gefüges in der EU führt dazu, dass die ‚Dritte Welt' von Nordafrika über das Mittelmeer nordwärts expandiert und sich inzwischen über weite Teile der südlichen Peripherie der Eurozone erstreckt. Das blanke Elend, ein obszöner Pauperismus, der an die bluttriefende Durchsetzung des Kapitalismus im 18. Jahrhundert erinnert, kriecht somit immer näher an die wirtschaftlichen Zentren der EU heran. Die verbliebenen ‚Wohlstandsinseln' beginnen abzuschmelzen – und sie werden mittelfristig untergehen im Meer des kapitalistischen Massenelends." Griechenland befindet sich mitten in diesem Prozess.

So beschreibt der Sozialwissenschaftler Tomasz Konicz das gegenwärtige Europa und nennt folgende Gründe: „Zwei Faktoren haben maßgeblich dazu beigetragen, dass sich die Eurozone zum gegenwärtigen Krisenzentrum entwickelte, obwohl der jüngste Krisenschub seinen Ausgangspunkt 2007 auf dem Immobiliensektor der USA hatte. Zum einen ist es die spezifische Struktur der europäischen Währungsunion. Den beteiligten Staaten wurde ihre Souveränität über die Geldpolitik entzogen, doch zugleich fand keine Etablierung europaweiter Mindeststandards in der Wirtschafts- und Sozialpolitik statt. Hieraus resultierte ein enthemmter europaweiter Wettbewerb um die niedrigsten Löhne und Steuern zwischen auf bloße Wirtschaftsstandorte reduzierten Ländern, während zugleich der Euro den ökonomisch unterlegenen Ländern die Möglichkeit nahm, mittels Währungsabwertungen ihre Wettbewerbsfähigkeit wenigstens teilweise wiederherzustellen. Den zweiten Faktor bildet das brutale Spardiktat, das die Berliner Führungsriege – als vorläufiger Sieger dieses spätkapitalistischen Rattenrennens – der gesamten Eurozone oktroyiert." (Tomasz Konicz)

Das ist die neue europäische Realität, und die Politik tut wenig oder nichts, um sie zum Positiven zu verändern. Im Gegenteil: Sie ist für das Desaster nicht nur verantwortlich, sie besteht darauf, dass der neoliberale „Reformprozess erfolgreich zu Ende geführt wird". Aber wenigstens die Künstler reagieren auf die Misere mit hoher Sensibilität –, oft mit beißender Kritik und scharfem Sarkasmus. Da steht zum Beispiel vor dem Europa-Parlament in Brüssel eine Skulptur, die den Mythos von Europa mit dem Stier darstellt: Aber beide Figuren wirken dürr, mager und ausgezehrt, als seien sie Opfer der europäischen Sparpolitik. Bezeichnender könnte die Symbolik nicht sein.

Ganz ähnlich muss man wohl die Skulptur *Europa und der Stier* von Michael Jastram deuten, die der Deutsche Bundestag angekauft hat. Dieser Bildhauer, der in seinen Arbeiten zumeist auf eine archaische, primitive Formensprache zurückgreift, hat den Stier als massigen monolithischen Block gestaltet, aus dem an der vorderen Oberseite zwei Hörner herausragen. Das Tier hat keine Beine, an dem schweren Steinquader sind unten klobige Räder angedeutet, die kaum zur Fortbewegung geeignet sind. Auf dem Hinterteil dieses unbeweglichen Klotzes sitzt – winzig, mager und zerbrechlich – Europa, dem Stier unter ihr völlig abgewandt und in die Ferne schauend, als habe sie mit ihm nicht das Geringste zu tun. Die einstige verheißungsvolle Vision ist in Immobilismus erstarrt, ein Bewegen von der Stelle, ein Fort-schritt also, ist nicht mehr möglich. Die Utopie ist zum Stillstand gekommen. Europa erstarrt in einsamer Verzweiflung.

Natürlich wird das Motiv auch in Griechenland aufgegriffen, das am meisten von der europäischen Krise betroffen ist. Der kretische Maler Telis Yannakoudakis aus Heraklion hat das Thema in einem Bild auf eher konservativ-herkömmliche Art gestaltet: Europa reitet – sich an den Hörnern des Stiers festhaltend und von Delphinen umgeben – durch das Meer. Erst bei genauen Hinsehen entdeckt man die versteckte politische Kritik: Beide Figuren sind umschlungen von einem Band, das die Farben Schwarz-Rot-Gold hat. Soll heißen: Deutschland ist für die Krise und das griechische Elend verantwortlich, weil es als die ökonomische Vormacht in Europa den Kontinent fest im Griff hat und ihm die Bedingungen diktieren kann.

Wenige Kilometer von Matala entfernt hat ein Italiener in dem Dorf Lentas dem Mythos ein übergroßes Denkmal gesetzt. Seit Jahren diesem Küstenstrich eng verbunden, hat der frühere Direktor des Kolosseums in Rom, der Architekt und bildende Künstler Piero Meogrossi *Europa mit dem Stier* überlebensgroß aus Alltagsmüll wie Schwemmholz, Draht, Plastiktüten, Wasserflaschen und Zeitungspapier geschaffen. Mit gewaltiger Kraft ist dieser stämmige Bulle die felsige Küste hochgeklettert, um sich oben auf einem Plateau in seiner ganzen Herrlichkeit zu zeigen. Auf seinem Rücken sitzt aufrecht eine triumphierende Europa, die den rechten Arm wie zum Siegesgruß emporhält, der wie ein trotziges Jetzt gerade! oder Nun dennoch! wirkt. Diese Königstochter ist nicht geraubt worden, sie hat keine Angst vor dem, was sie auf Kreta erwartet. Sie ist dem urigen Stier wohl freiwillig und aus Liebe gefolgt.

Die Symbolik liegt nicht nur im Motiv, sondern auch im kurzlebigen Material. Meogrossi hatte die Skulptur im Sommer 2012 geschaffen, ein Jahr später bot sie sich schon arg zerzaust dar. Der raue Seewind, die Regengüsse des Winters und die zumeist brennende Sonne hatten der äußeren Erscheinung arg zugesetzt. Aber Meogrossi nahm den Verfall gelassen hin. „Die Symbolik stimmt", sagt er, „das ist der Zustand Europas. Ich werde nichts mehr daran ändern." Das Thema hat ihn seit Jahren so fasziniert, dass er es auch zeichnerisch großformatig gestaltet hat. Ein äußerst lieb und verständig wirkender Stier sucht am felsigen Ufer einen Aufgang, um seine teure Last dort hochzutragen. Europa auf seinem Rücken schaut erwartungsvoll auf die fremde Insel. Auf diesem Bild ist Europa noch in Ordnung. Das Bild hängt viel bewundert in einer Taverne am Strand von Lentas.

Um den alten Kontinent, dem die schöne Königstochter ihren Namen gegeben hat, steht es nicht gut. Spötter sagen: „Gestern waren wir noch am Rande des Abgrunds, heute sind wir schon einen Schritt weiter!" Muss Zeus noch einmal zur phönizisch-libanesischen Küste aufbrechen, um den Europa-Mythos neu zu begründen? Oder braucht der Kontinent zum Überleben eine völlig neue Erzählung – ganz ohne Stiergott und schönes Mädchen?

An all das muss ich denken, während ich vor den Felshöhlen von Matala sitze und auf das bunte Strandleben hinabblicke. Hier also soll Zeus mit seiner schönen Beute angekommen sein? Hier soll Aphrodite die phönizische Königstochter über ihr Schicksal aufgeklärt haben? Hier soll der Kontinent Europa symbolisch geboren sein und seinen Namen erhalten haben? Es fehlt am Strand eine Skulptur, die die Ankunft des außergewöhnlichen Paares darstellt. Der Mythos ist zu wichtig, als dass man ihn einfach der Vergessenheit preisgeben dürfe. Wie aber wäre die Geschichte des alten Kontinents verlaufen, wenn Zeus Europa nicht nach Matala entführt hätte?

Zweites Kapitel

Kostas Manidakis, das Miamou-Projekt und die Klippen der Realität

Mein Freund Kostas Manidakis ist ein Mann, den ich gar nicht so leicht beschreiben kann, weil er so vielseitig ist. Vor allem ist er ein echter Kreter, sehr bodenständig und verwachsen mit seiner Insel. Seine stämmige Gestalt verrät seine Herkunft: Seine Vorfahren waren wohl in vielen Generationen Menschen, die der kargen Erde Kretas ihren Lebensunterhalt mühsam abgerungen haben. Kostas stammt aus dem Dorf Miamou in den Asterousia-Bergen, ein Ort, der sich mit engen und winkeligen Gässchen an einem steilen Hang malerisch hochzieht, ein Dorf, in dem ein Roman von Nikos Kazantzakis wie *Alexis Sorbas* hätte spielen können, aber heute liegt er verfallen und zerstört da.

Eine Trümmerlandschaft, eine Steinwüste, die Mauerreste – einst aus Naturstein schön geschichtet – ragen als gebrochene und abgerissene Torsen funktionslos in die Höhe, Relikte eines behausten Daseins, das es nicht mehr gibt. Aus den hohlen Ritzen des Mauerwerks drängt sich die bauschige Pracht kleiner bunter Blumen. In die Tiefe gestürzte Dachbalken stehen oder liegen im Inneren der dachlosen Hausruinen kreuz und quer herum, dazwischen hat sich Grünzeug – sogar kleiner Baumwuchs – seinen Lebensraum gesucht und drängt ans Licht. Zwischen dem zerbröckelnden felsigen Mauerwerk steht ganz unversehrt noch der steinerne Rahmen, der die hölzerne Tür umfasst – und auch sie ist noch vollständig da, die Farbe abgeblättert und porös, aber bunt lädt sie noch zum Durchgang ein, hinge nicht ein schweres rostiges Schloss davor. Und letztes Zeichen des einstigen Lebens hier: Ein Blech- oder Emailleschildchen mit der Hausnummer hängt noch an der steinernen Wand – etwas verwittert, aber gut zu erkennen.

Miamou war einst ein blühender Ort, voll pulsierendem Leben. Das spürt man noch auf Schritt und Tritt, wenn man durch die stillen, verlassenen Gassen schlendert. Auf merkwürdige, unbegreiflich-intuitive Weise empfindet man noch ganz unmittelbar die Anwesenheit von Menschen, die schon lange nicht mehr sind. Erdbeben und Abwanderung in die Städte oder bis in ferne Erdteile, um dort ein besseres Leben zu finden, also der Wandel der Zeiten mit ihren Nöten und Krisen haben das Dorf so hinterlassen, wie es heute daliegt. Trotz oder gerade wegen der trostlosen Hinfälligkeit ist Miamou von einer morbiden Schönheit. Jedes in Trümmern liegende Haus, das Gewirr der Gassen, der hoch in den Himmel ragende Felsen am oberen Dorfrand und der Blick in die urzeitliche Höhle an seinem Fuß sind ein faszinierendes Bild. Menschen wohnen in Miamou heute nur am Ortsrand, der alte Dorfkern ist verlassenes Trümmer- und Niemandsland, Miamou ist ein Geisterdorf.

Ich muss auf Kostas zurückkommen. Die Beschreibung seines Dorfes war unerlässlich, um diesen außergewöhnlichen Mann zu verstehen. Denn – so paradox es klingt – gerade diese Trümmerwüste hat Kostas' Leben verändert, hat seiner Existenz einen neuen Sinn gegeben. Aber bis dahin musste er einen langen Weg gehen. Nach der Schulzeit ermöglichten es ihm seine Eltern, in Italien zu studieren. An der Universität von Genua erwarb er sich umfassende Kenntnisse in Geologie und in der italienischen Sprache. Zurück auf Kreta, versuchte er sich in verschiedenen Berufen, er war auch als Journalist tätig. Heute baut er in seinen Gewächshäusern in Lentas Tomaten und Paprika an. Ich habe noch nie einen Menschen erlebt, der so liebe- und hingebungsvoll mit Pflanzen umgeht wie er, was sicher mit seiner tiefen Ehrfurcht vor der Natur zusammenhängt. Mit seinen großen, kräftigen Händen wendet er sich auch der kleinsten Blume zärtlich zu, als sehe er in ihr die erhabenste göttliche Schöpfung.

Das ist die eines Seite dieses Mannes. Die andere hängt wohl eng damit zusammen. Er muss auch eine große Liebe zu den Menschen in sich tragen – und deshalb konnte er politisch nie etwas anderes sein als ein Linker. Kostas engagiert sich für die Sorgen der Bauern in der Umgebung, streitet für ihre Interessen, ist ein sehr guter Redner, der sein Anliegen ruhig und sachlich aber mit Bestimmtheit vorbringen kann. Dieser urwüchsige bäuerliche Kreter mit dem weißen Stoppelbart ist dabei hoch gebildet, weiß alles über seine Insel, ist tief in ihre Geschichte eingedrungen. Ich habe unendlich viel von ihm gelernt –

auch über eine der schlimmsten Zeiten, die Kreta durchgemacht hat: die deutsche Besatzung von 1941 bis 1944. Aber Kostas ist feinfühlig und fair und lastet uns – den Nachgeborenen – die Verbrechen der Deutschen nicht an. Einen Zug an ihm muss ich noch erwähnen: Kostas ist der gastfreieste Mensch überhaupt. Die Gastfreundschaft der Kreter ist schon immer sprichwörtlich gewesen. Kostas hat sie sich bewahrt. Wenn wir Feste feiern (und wir feiern sehr oft) bricht schier der Tisch von all den Köstlichkeiten zusammen. Der Wein fließt dann immer reichlich (obwohl Kostas gar keinen Alkohol trinkt), und die angeregten Gespräche und das Gelächter enden erst tief in der Nacht.

Die Wende in Kostas' Leben vollzog sich auf dem Friedhof von Miamou. Eine alte Frau, ganz in Schwarz gehüllt, wie es hier üblich ist, kam auf ihn zu und sagte: „Kostas, unser schönes Dorf ist so verfallen, kannst du nicht etwas tun, damit es wieder schön wird?" Kostas muss diese wenigen Worte wie eine Erleuchtung oder eine Offenbarung erlebt haben, denn in diesem Augenblick schwor er sich: „Ich baue Miamou wieder auf." Es muss ihm gleich klar gewesen sein, worauf er sich da einließ. Denn die Restaurierung des Ortes würde viel Geld kosten, das er gar nicht hatte. Die Worte der alten Frau auf dem Friedhof haben Kostas nicht mehr losgelassen, sie haben sein Leben verändert. Es entstand in seinen Gedanken, was er das Miamou-Projekt nennt, wobei er das r in Projekt immer kräftig rollt und das Wort – anders als im Deutschen – auf der ersten Silbe betont. Was Kostas vorschwebt, ist nicht nur ein bauliches Vorhaben, also der Wiederaufbau und die Renovierung des Dorfes. Kostas will in seinem Dorf eine kleine Utopie realisieren: Das neue Miamou ist auch ein soziales Projekt; die Dorf- und Bauerngemeinschaft soll neu entstehen.

Auch wenn Kostas das Deutschen gegenüber vielleicht nicht so deutlich sagt, die gegenwärtige Krise des Landes, in die die deutsch-europäische Hegemonie Griechenland gestürzt hat, hat bei der Entwicklung des Projekts sicher eine große Rolle gespielt. Solche Ideen werden immer aus der Not geboren. Die griechische Soziologin Georgia Bekridaki hat den Rahmen beschrieben, in dem Kostas' Arbeit zu sehen ist: „Es handelt sich um eine selbstorganisierte Bewegung von Menschen in Not für Menschen in Not, um eine kollektive Anstrengung der Basis der Bevölkerung (ArbeiterInnen, RentnerInnen, junge Leute, Frauen, Bauern und Bäuerinnen, ZuwandererInnen), die auf ihren eigenen Füßen stehen möchten, um die Ursachen und Konsequenzen der Krise zu bekämpfen, gegen die Demontage des Sozialstaates und den Abbau der politischen Rechte der arbeitenden Mehrheit, die in über einem Jahrhundert sozialer Kämpfe errungen worden sind, Widerstand zu leisten."

Und weiter: „Die Bewegung versucht gleichermaßen, die Mittel für das Überleben der Menschen zu sichern und am Aufbau einer anderen Gesellschaft zu arbeiten. Die Entwicklung neuer Formen der Selbstorganisation der Bevölkerung, von Strukturen der gesellschaftlichen Solidarität, die im ganzen Land in einer unglaublichen Vielfalt entstehen, steht am Beginn eines Beispiels nicht nur für eine mögliche Krisenlösung zugunsten der Bevölkerungsmehrheit, sondern auch einer anderen Organisationsform, einer tiefgreifenden und radikalen demokratischen Umwandlung der Gesellschaft."

Was die Ökonomie angeht, heißt das entscheidende Wort für Kostas: Unabhängigkeit und Selbstversorgung. „Unsere Situation ist völlig absurd", sagt Kostas, der in seinen Gewächshäusern verschiedene Gemüsesorten anbaut. „Auf Grund der EU-Politik werden hier Tomaten, Gurken und Paprika aus Holland, Spanien und Portugal viel billiger angeboten, als wir sie produzieren können. Was bedeutet, dass wir für die Katz arbeiten und unsere Produkte auf den Müll schmeißen können!"

Das war die Grundlage für Kostas' Überlegungen, aus dem wiederaufgebauten Dorf Miamou so etwas wie eine unabhängige Landkommune machen zu wollen. Die Bauern sollen nach den neuesten ökologischen Erkenntnissen vor allem für die Selbstversorgung produzieren, nicht von EU-Europa abhängig sein. Viel altes, traditionelles kretisches Wissen über Landwirtschaft, das die Bauern hier einmal besaßen, das aber vor allem durch die billigen Fremdimporte vernachlässigt wurde oder sogar verloren gegangen ist, soll wieder aktiviert werden. Die Vergangenheit für den Sprung in eine neue, bessere Zukunft nutzen, scheint Kostas' Devise zu sein. Denn er ist kein Nostalgiker, der ins Gestern zurück will. Der Mann steht viel zu sehr auf dem Boden der Realität, um illusionären Träumen anzuhängen. Natürlich würde er es begrüßen, wenn andere Dörfer dem Beispiel folgen würden – wenn es ein Vorbild für ganz Kreta würde. Aber da muss sich erst Erfolg einstellen, und der ist noch weit entfernt.

Um sein Projekt richtig in Angriff nehmen zu können, hat Kostas – zumeist in Eigenarbeit mit wenigen Helfern – mitten im alten verfallenen Miamou ein Haus gebaut. Es ist sozusagen die Zentrale für den Wiederaufbau. In den großen hellen Räumen gibt es ein Büro, eine Bibliothek, einen Lesesaal und ein Museum, wo Bilder vom Leben im einst blühenden Ort und Gegenstände täglicher Arbeit und der Volkskunst zu sehen sind, die einst den Alltag der Menschen hier prägten. Auch eine Lehrküche gibt es, denn Kostas möchte auch die traditionelle kretische Küche wiederbeleben, die von den Produkten und den Zutaten der Gegend geprägt ist. In den Fluren hängen große Foto-Bilder von den verschiedenen Jahreszeiten auf der Insel. Sie zeigen die bunte Blütenpracht des Frühlings, die braune verbrannte Natur des heißen Sommers und das Wiedererwachen des Pflanzenkosmos, wenn im Herbst und Winter die großen Regenfälle kommen. Das alte Schulhaus im Dorf, das nicht mehr gebraucht wurde, hat Kostas schon restauriert; es ist ein idealer Ort für Veranstaltungen aller Art: Vorträge, Konzerte und Volksfeste.

In dem neuen Haus im Zentrum und in der alten Schule will Kostas die Menschen zusammenführen, und er hofft wohl, dass hier so etwas wie ein neues Identitäts- und Solidaritätsgefühl entsteht – nicht leicht in einem Land, das aus Millionen Individualisten besteht, die sich oft gegenseitig nicht grün sind. Außerdem hat die Krise viel dazu beigetragen, den sozialen Zusammenhalt der Gesellschaft zu zerstören. Das Miamou-Projekt soll deshalb auch dazu dienen, die von der Krise geförderte Isolierung und Vereinzelung der Menschen aufzubrechen und gegen Tendenzen der Verzweiflung und des Rette-sich-wer-kann anzugehen. Die neue Gemeinschaft, das betont Kostas immer wieder, soll keine Sekte oder utopische Gemeinschaft mit ihm als Oberguru werden. Freie Menschen sollen hier gleichberechtigt und solidarisch ohne Hierarchie zusammen leben und arbeiten, alte Werte wiederbeleben und neuen aufgeschlossen gegenüber stehen. Es soll eine neue politische Kultur der Selbstorganisation entstehen. Aber das Gegen-den-Strom-Schwimmen, das Aufmerksam-Machen auf die Unarten und auf heutzutage vernachlässigte Werte gehört ebenfalls zur Philosophie des Projekts, ist sogar ein wesentlichen Antriebe.

Ein Beispiel für Kostas' Drang nach Unabhängigkeit und Selbstständigkeit: Natürlich hat Kostas ein Auto, ohne ein Fahrzeug wäre er zu völliger Untätigkeit und sein Projekt zum Scheitern verurteilt. Aber er hat sich nun auch einen Esel gekauft. Seine Begründung: „Wenn die [wer auch immer das ist] uns den Benzinhahn für unsere Autos zudrehen, trifft mich das nicht. Ich steige dann auf meinen Esel um. Und außerdem: Wer soll bei den Bauarbeiten in Miamou in den engen Gassen, wo kein Auto fahren kann, das Material transportieren, wenn nicht Esel?"

Nun ist es aber nicht so, dass Kostas' Projekt überall auf Begeisterung stößt. Vielerlei Hindernisse und Widerstände gibt es. Griechenland ist so gut wie bankrott, vom Staat kann er also kaum finanzielle Hilfe erwarten. Von der EU in Brüssel wird kaum Unterstützung für ein Projekt zu erwarten sein, das gerade die Unabhängigkeit von ihr anstrebt. Aber Hindernisse liegen auch direkt vor der Haustür: Die Straßen ringsum sind in schlimmem Zustand – überall Schlaglöcher, die immer größer werden. Der Bürgermeister der zuständigen Gemeinde kann und will aber kein Geld für die Ausbesserung bereit stellen. Kostas hat einen Ausweg ersonnen, den er selbst organisieren will: eine Ausstellung mit kretischer Volkskunst und traditionellem Handwerk zusammenstellen und die Einnahmen aus dem Eintritt für die Straßenausbesserung verwenden. Der Bürgermeister winkte ab: Kein Interesse. Da schäumte der sonst immer ruhige und beherrschte Kostas vor Zorn und reagierte mit heftiger und sehr ironischer Kritik an der ganzen Politiker-Kaste: „Diese Leute nehmen sich ungeheuer wichtig, aber sie tun gar nichts. Den Mann muss man zum offenen Kampf herausfordern, wenn es sein muss auch auf dem Marktplatz von Heraklion!" Kostas hat nur Verachtung für Politiker dieser Art übrig.

Ein anderes Problem: Kostas braucht Menschen für sein Projekt, möglichst junge, tatkräftige Leute, die bereit sind anzupacken. Einige von ihnen hat er nach Miamou geholt, um sie für sein Projekt zu begeistern. Aber sie winken ab – an schwerer Bau- und Feldarbeit sind sie nicht interessiert. Die meisten sind hoch qualifiziert, haben einen Universitätsabschluss, finden aber wegen der Krise keinen Job im Land. Aber nach Miamou? Unter keinen Umständen! Dann arbeiten sie lieber für 400 Euro in einem Café in den großen Städten. Hier will einer also Arbeitsplätze schaffen, aber das Interesse ist äußerst gering. Ein weiteres Problem: Viele Grundstücks- oder Hausbesitzer wollen – aus was für Gründen auch immer, zudem wohnen viele in den USA oder Australien – ihren Besitz in Miamou nicht verkaufen oder renovieren lassen. „Eins der größten Probleme hier ist die Mentalität der Menschen“, sagt Kostas. „Sie sind unfähig zur Kooperation. Jeder macht nur sein Ding. Wir müssen lernen, zusammenzuarbeiten – jeder auf seinem Gebiet und dann doch wieder alle zusammen. Kooperation ist alles.“ Im letzten Herbst war er gerade dabei, eine Aktion zur Trennung von Müll ins Leben zu rufen. Er hat Flyer und Plakate drucken lassen, die Müllberge in der Landschaft zeigten. „Wollt Ihr das wirklich?“ stand unter den Bildern. Kostas muss noch viel Überzeugungsarbeit leisten.

Dennoch gibt dieser bodenständige Tatmensch, der zugleich ein visionärer Intellektueller ist, nicht auf. Ständig ist er unterwegs, um in Heraklion oder anderswo bei bedeutenden Persönlichkeiten für sein Projekt zu werben. Für ihn scheint es kein Unmöglich zu geben. Wenn es bei der Durchführung seines Vorhabens irgendwo hakt und die Dinge sich nicht von der Stelle bewegen, greift er zu seinem uralten Handy, in dem die wichtigsten Telefonnummern ganz Griechenlands gespeichert zu sein scheinen. Und meistens zeichnen sich dann nach einem Gespräch auch Lösungen ab, und die Dinge kommen wieder in Fluss.

Wird er auf Dauer Erfolg haben und seine Vision verwirklichen können? Er hat schon Verbündete gefunden: Die von ihm mitbegründete *Cultural Association of Miamou-Lentas-Crete* untertützt ihn und das Projekt. Ein Architekt und Unternehmer im fernen Schweden, der mit Holz arbeitet, hat sich für das Vorhaben begeistert, steht Kostas tatkräftig zur Seite und hat ihm auch schon junge Arbeitskräfte geschickt. Kostas ist auf einem guten Weg. Und wer ihn kennt, weiß: Dieser Mann gibt nicht auf. Ohne Menschen wie ihn wäre die Welt um vieles ärmer. Aber er weiß auch, dass bei einem solchen Projekt das Wir das Ich ersetzen muss, um sich allein tragen zu können. Denn letzten Endes geht es nicht nur um den Mikrokosmos Miamou, sondern auch um den Makrokosmos der Gesellschaft Griechenlands.

Georgia Bekridaki begründet das so: „Dieser breiten und facettenreichen Solidaritätsbewegung geht es nicht nur um konkrete Hilfe, sondern auch um einen Beitrag zum Aufbau einer anderen Welt, die nicht den Gesetzen von Profit und Markt gehorcht. Sie richtet sich gegen die Zerstörung des Sozialstaates und für gesellschaftlichen Zusammenhalt. Die Menschen versuchen, auf die Krise durch die Schaffung neuer Strukturen der Solidarität, den Aufbau von sozialen Beziehungen neuen Typs, neuen Formen der Nachbarschaft, neuen öffentlichen Räumen, ersten Ansätzen eines allgemeinen Wandels zu antworten."

Krise bedeutet so gesehen immer auch Chance. Kostas ist einer von denen, die begriffen haben, worum es geht, um die Chance zu nutzen.

Drittes Kapitel

Kennen Sie Lyttos? Oder: Wie bezahlten die antiken Kreter ihren täglichen Bedarf?

Ich muss gestehen, dass ich von Lyttos nicht viel wusste, obwohl ich meine, Kreta recht gut zu kennen. Es ist auch auf kaum einer Landkarte zu finden. Dabei war Lyttos in der Antike eine der größten und mächtigsten Städte der Insel. Es lag westlich des Dikti-Gebirges und nach heutiger Geographie acht Kilometer von der Provinzhauptstadt Kastelli entfernt und ganz in der Nähe des Dorfes Xidás. Zu sehen sind nur noch ein paar Ruinen, die zumeist aus römischer Zeit stammen. Lyttos teilt damit das Schicksal vieler antiker Städte: Erdbeben, Kriege und die barbarische Untugend späterer Generationen, die Reste dieser großen Kultur (auch Statuen und andere Kunstwerke) als Steinbruch für den Hausbau zu nutzen, haben von dieser einstmals blühenden Polis nicht viel übriggelassen. Hier und da ragt noch Mauerwerk – zumeist von Buschwerk überwuchert – aus dem hügeligen Boden. Nur die Akropolis ist noch einigermaßen gut auszumachen. Viel mehr gibt es nicht zu sehen.

Mich überkommt immer ein beinahe wehmütiges Gefühl, wenn ich solche antiken Stätten aufsuche. Wo heute spärliches Gras, Olivenbäume und Macchia wachsen, das bestenfalls für Schäfer mit ihren Tieren geeignet ist, lag einst eine Weltstadt, die ihre Ursprünge auf den Mythos zurückführen konnte und dann große Geschichte gemacht hat. Hier herrschte einst buntes Leben, hier wurde Politik gemacht, hier gingen Könige und Herrscher ein und aus, hier haben Künstler große und schöne Werke geschaffen. Menschen – reiche und arme – haben den Wirren ihrer Zeit zu trotzen und zu überleben versucht, immer auf der Suche nach ein bisschen persönlichem Glück, wobei sie stets auch Zuflucht zu den olympischen Göttern suchten. Die gaben ihrem Dasein Sinn und Halt. Und heute eben nur noch trockenes hügeliges Ödland. Dieses Gleichnis über Vergänglichkeit sollte die Nachfolgenden Bescheidenheit und Demut lehren.

Lyttos soll die älteste der kretischen Städte gewesen sein, überliefert der antike Geschichtsschreiber Polybios. Er nennt die Bewohner der Stadt die besten Kreter. Der Dichter Homer beschreibt die Größe und Macht der Stadt und führt sie im Schiffskatalog auf; das war das Verzeichnis der Schiffe, die die kretischen Städte für den trojanischen Krieg zur Verfügung gestellt haben. Der aus Lyttos stammende Wagenlenker Koiranos kämpfte Homer zufolge vor Troja mit und ließ dort sein Leben für den kretischen König Idomeneus. Berühmt waren die Bogenschützen aus Lyttos, die in vielen Kriegen und Schlachten der Antike als Söldner mitkämpften. Vielleicht waren sie auch in der Varusschlacht im Jahr neun n. Chr. beim heutigen Kalkriese (nahe Osnabrück) dabei, denn die Archäologen fanden dort Waffen und Ausrüstungen kretischer Bogenschützen, die als Legionäre im römischen Heer dienten.

Die Begegnung mit Lyttos verdanke ich einem erstaunlichen Mann, der sehr viel über Kreta weiß: Dr. Burkhard Traeger. Er arbeitet in Bremen in einer großen Kanzlei als Anwalt und Notar. Nichts deutet in diesem sehr bürgerlichen Ambiente darauf hin, dass er einer der besten Kenner der großen Insel ist und auch sehr gut Griechisch spricht. Natürlich haben wir uns über die Liebe zu Kreta kennengelernt. Burkhard besitzt schöne kretische Antiken sowie eine vorzügliche Bibliothek mit Werken über die Insel. Die größten Kostbarkeiten seiner Sammlung befinden sich aber in einem Banktresor. Er lud mich zu einer Besichtigung ein. Und so stiegen wir hinunter in die Katakomben des Geldinstituts. Burkhard (ich nenne ihn im Folgenden beim Vornamen, da wir uns seit langem duzen) öffnete ein größeres Schließfach.

Dann zog er Fächer heraus, in denen, fein säuberlich geordnet, in Form von Münzen die ganze antike Geschichte Kretas lag. Burkhard nahm einzelne heraus und erklärte mir ihr Alter, ihre Herkunft und die auf ihnen abgebildeten Symbole. Ich war sehr beeindruckt und versuchte mir vorzustellen, wer vor etwa zweieinhalb Jahrtausenden diese Münzen wohl in der Hand gehabt hatte. Geschichte war so nichts Fernes und Abstraktes, sondern etwas unmittelbar sinnlich Vorstellbares und Gegenwärtiges. Ich habe auf Briefmarken- und Münzensammler immer ein bisschen despektierlich herabgeblickt. An diesem Tag habe ich dieses Vorurteil revidiert. Burkhard legt großen Wert auf die Feststellung, dass er seine Sammlung auf Auktionen und von seriösen Münzhändlern erworben hat, denn in diesem Metier sind illegale Geschäfte mit Antiken vermutlich nicht ganz unüblich.

Burkhard gab mir dann ein paar Erklärungen über das antike Geldwesen: Man muss ein paar Fakten kennen, um die Beschaffenheit und die Geschichte dieser Münzen zu verstehen, denn die Geldwirtschaft von heute unterscheidet sich doch sehr von der damaligen. Münzen waren in Kreta seit der letzten Dekade des fünften Jahrhunderts v. Chr. im Umlauf. Zu dieser Zeit gab es ausschließlich Silbergeld, Geldstücke aus Bronze wurden erst im vierten Jahrhundert v. Chr. eingeführt. Die Münzeinheiten waren der *Stater*, die *Drachme* und der *Obol.* Die wichtigste griechische (auch kretische) Münze war der *Stater.* Der Wert dieser Geldstücke bemaß sich nach ihrem genormten Gewicht. Der *Stater* war nach dem Vorbild der attischen Prägung das Normal- oder Einheitsstück, er bestimmte die Gewichtseinheit. Ein *Stater* entsprach zwei *Drachmen* und eine *Drachme* sechs *Oboloi.* Auf das Gewicht bezogen hieß das: Ein *Stater* wog 12 Gramm und hatte einen Wert von zwei Wochenlöhnen für einen Hopliten (Angehöriger des Heeres), was einem Tagessold von einem *Obol* (0,8 Gramm) entsprach. Die *Drachme* wog sechs Gramm.

Bei dieser Gelegenheit sah ich auch die Münzen von Lyttos. Sie zeichnen sich durch eine besondere Symbolik aus. Sie zeigen auf der einen Seite einen Adler und auf der anderen das Vorderteil eines Ebers. Adler wie Eber gelten als Symbol für den Göttervater Zeus, der dem Mythos nach in einer Höhle oder auf dem Berg Aigion nahe Lyttos geboren sein soll. Diese beiden Münzsymbole blieben über die Jahrhunderte gleich, und keine andere Stadt benutzte sie. Die einzige Änderung: Während der Adler zunächst fliegend dargestellt war, erscheint er später mit einer Beute in den Klauen, und Zeus ist mit bärtigem Kopf dargestellt.

Burkhard legt seine teuren Stücke zurück in die Schubladen und schließt den Schrank. In seinem schönen Haus erzählt er mir bei einem Glas Rotwein aus Nemea (Peleponnes) einige interessante Details über das Münzwesen auf Kreta. In der klassischen und hellenistischen Zeit existierten auf Kreta annähernd 100 autonome Städte, von denen mehr als 50 eigene Münzen prägten. Der Prozess der Herstellung der Münzen war langwierig und mühsam. Es gab Stempelschneider – wir würden heute sagen Designer –, die von Ort zu Ort zogen und dort tätig wurden. Das waren echte Künstler, zumeist auch berühmte Bildhauer. Nur wohlhabende Städte – und das waren auf Kreta in erster Linie Knossos, Phaistos, Gortyn, Lyttos und später Itanos – konnten sich die Dienste solcher Künstler leisten, die sehr anspruchsvolle und schöne Motive schufen und dabei sicher auch gut verdienten.

Die Herstellung des Geldes nahmen dann die Münzmeister in die Hand. Es wurden zwei Stempel gefertigt. Einer wurde in einem harten Felsblock verankert. Auf diesen Unterstempel wurde die Silbermasse verteilt, die genau das entsprechende Gewicht haben musste, dann wurde der Oberstempel darauf gelegt und mit einem Hammer kräftig zugeschlagen. Dabei mussten die Meister sehr genau vorgehen, denn das Gewicht musste exakt stimmen, weil es ja den Wert der Münze angab. Die Münzen waren nicht nur für den Alltag bestimmt, sondern mit ihnen wurden auch die Söldner bezahlt, und die hätten protestiert, wenn das Gewicht nicht gestimmt hätte. Die kleine Münzwaage war also ein unerlässliches Requisit im antiken Alltag.

Die antiken Münzen hatten ihren Zahlungswert zunächst nur in der Stadt, in der sie geprägt worden waren. Der Gültigkeitsbereich dehnte sich dann auch auf Städte aus, mit denen man durch Freundschaftsverträge verbunden war. Es gab natürlich auch Städte, die aus Mangel an Material keine eigenen Münzen prägten – etwa im Südwesten Kretas. Dort wurden dann, wenn Freundschaftsverträge bestanden, die Münzen anderer Städte in Umlauf gebracht. Münzen aus Gortyn waren etwa in Knossos nur dann im Umlauf, wenn kein Krieg zwischen den beiden Metropolen herrschte.

Allgemein lässt sich aber sagen: Da die Münzen auch für die Abwicklung des Außenhandels und zur Bezahlung der Söldner bestimmt waren und es vor allem auf ihr Gewicht ankam, war eine Feindschaft zwischen den Städten nicht so erheblich. Man wurde sein Geld also auch in anderen Städten los. Dafür sorgten nicht zuletzt Wechsler, die die Münzen einer Stadt gegen die einer anderen Stadt tauschten – mit entsprechendem Aufschlag, versteht sich. Man konnte mit dem Geld der kretischen Städte sogar auf dem griechischen Festland bezahlen. Es galt ja der attische Standard, das heißt:

alle Städte, die in Beziehung zu Athen standen, hatten dieselben Maßeinheiten. Die galten auch für Kreta. Es gab also so etwas wie einen Wechselkurs. Wie in Europa vor Einführung des Euro, konnte man sein Geld tauschen, wobei die Wechselstelle natürlich mit verdiente.

Das Geld konnte damals auch eine schnelle Wertänderung erfahren. In Kriegen oder anderen Notzeiten gab es Abwertungen. Die aus Silber geprägten Münzen wurden dann selten, weil es Mangel gab an diesem Edelmetall. Sie wurden durch Bronzemünzen ersetzt. Die silbernen Geldstücke wurden eingeschmolzen oder irgendwo in Schatzhäusern gehortet. Oder man prägte sie um – nun aber mit einem geringeren Gewicht. Dann war die *Drachme* nicht mehr 6,1 oder 6,2 Gramm schwer, sondern nur noch vier Gramm. Man bekam dann aus einem *Stater* nicht mehr zwei, sondern nur drei *Drachmen*. Die kleinen Leute litten unter solchen Krisen natürlich mehr als die Reichen. Die ärmeren Schichten hatten gewöhnlich nur Bronzemünzen, denn sie brauchten das Geld für den täglichen Unterhalt. Einen *Stater* bekamen sie erst gar nicht in die Hände.

Höchst interessant und aufschlussreich ist die Symbolik auf den kretischen Münzen. Erst ab Beginn der Römerzeit tauchten auf der Insel 69 v. Chr. auf den Geldstücken Köpfe von Herrschern auf, vorher war das verpönt. Die Kreter und auch die Griechen auf dem Festland bevorzugten mythische Motive auf den Münzen, wobei diese Darstellungen – wie in Lyttos – einen direkten Bezug zum jeweiligen Ort hatten. So erscheint auf der Vorderseite zumeist ein Gott, wenn er in der mythischen Geschichte der Stadt eine wichtige Rolle spielte oder in den Tempeln besonders verehrt wurde. Auf der Rückseite sind dann Szenen oder Orte aus dem Mythos abgebildet.

Burkhard nennt mir Beispiele. Das Labyrinth stellt auf den Münzen von Knossos das Hauptmotiv dar, wobei oft auch der Minotaurus mit abgebildet ist. Später tauchen auf der Vorderseite Frauenköpfe mit Ährenkranz im Haar auf. Vielleicht handelt es sich dabei um Ariadne, die Theseus mit einem Wollknäuel den Weg aus dem Labyrinth ermöglichte, nachdem er das dort hausende Ungeheuer getötet hatte. Auch die Namen von Persephone, Pasiphae und der Nymphe Britomartis werden genannt. Später sind auch Darstellungen des mythischen Königs Minos auf den Münzen zu finden.

Bei den Münzen von Gortyn und Phaistos herrscht über 300 Jahre das Motiv Europa mit dem Stier vor, denn diese Geschichte soll ja unmittelbar in diesem Raum gespielt haben. Die Darstellung kann im Lauf der Zeit verschiedene Variationen erfahren: Europa auf dem Rücken des galoppierenden Stiers, der sie entführt, oder auf einem Felsen sitzend und der Stier kniend vor ihr. Die phönizische Königstochter wird auch unter der immergrünen Platane von Gortyn verweilend dargestellt, Zeus taucht dann in der Gestalt des Adlers auf, der sich mit Europa vermählt.

Auf einem *Stater* aus Phaistos aus der ersten Hälfte des vierten Jahrhunderts v. Chr. ist meisterhaft gestaltet, wie Zeus sich am phönizischen Strand der schönen Europa nähert. Burkhard schildert die Szene so: „Zeus ist in Stiergestalt dargestellt, wie er an die auf einem Felsen sitzende Europa herantritt. Sie hat die Rechte in einem Redegestus erhoben, die Linke ruht im Schoß. Sie ist mit einem dünnen Gewand bekleidet, unter dem sich die Glieder abzeichnen. Zugehörig zu der vorderen Szene ist die rückwärtige Abbildung, die den auf einem Felsen und zwischen Büschen ruhenden Götterboten Hermes zeigt, erkenntlich am *Petasos* (flacher Filz- oder Strohhut mit breiter Krempe) und dem *Kerykeion* (Stab mit zwei Flügeln, der von zwei Schlangen mit einander zugewendeten Köpfen umschlungen wird) in seiner Rechten; mit der Linken stützt er sich auf einen Felsen ab. Hermes hatte im Auftrag des Zeus die Herde, unter der sich der in einen Stier verwandelte Gott gemischt hatte, in die Nähe der Europa getrieben. Offensichtlich beobachtete Hermes nun die weitere Entwicklung des Geschehens, bei dem sich Europa kurz darauf auf den Rücken des Stiers begeben hat und von diesem über das Meer von Phönizien nach Kreta entführt werden wird." Und das alles auf einer kleinen Münze, die einen Durchmesser von nur 31 Millimetern hat und nur 12,5 Gramm wiegt!

Zwei Fragen habe ich zum Schluss an Burkhard. Wenn es zur Zeit der Minoer noch keine Münzen gab – wie wickelten sie dann ihre Geschäfte ab? Es gab zu dieser Zeit (etwa 2600 bis 1400 v. Chr.) ausschließlich Tauschwirtschaft. Die Maßeinheit war das *Talent* (ein Bronzebarren), das dem Gegenwert einer Kuh oder eines Sklaven entsprach. Meine zweite Frage: Wer hat eigentlich das Geldwesen erfunden? Es war der lydische König Kroisos (595 bis 547 v. Chr.).

In Lydien (die heutige Türkei) gab es viel Gold, und außerdem hatte sich Kroisos durch seine Eroberungen sehr bereichert. Er sah sich gezwungen, Geld zu prägen, um seine Söldner zu bezahlen. Diese erste Währung – eine Gemisch aus Gold und Silber – hieß *Elektron*. Der Reichtum dieses Königs war so groß, dass man sich noch heute wünscht, *reich wie Krösus* zu sein.

Viertes Kapitel

Der Zweite Weltkrieg: in der Erinnerung der Kreter noch sehr gegenwärtig

Der Zweite Weltkrieg war für die Griechen eine Tragödie. Sie begann am 10. Oktober 1940 mit dem Angriff des faschistischen Italien auf Griechenland, das ebenfalls faschistisch war und von dem Diktator Metaxas regiert wurde. Es geschah aber ein Wunder. Die Griechen hielten in einem Volkskrieg der italienischen Übermacht stand. Doch ihr Sieg über Mussolinis Truppen „ließen ein Dilemma entstehen, das in der Konsequenz Griechenland in die größten Tragödien seiner Geschichte stürzte“, schreibt der Historiker Heinz A. Richter. Hitler konnte einen Triumph Griechenlands über Mussolini nicht zulassen. Der deutsche Diktator befürchtete, im Hinblick auf seinen Russlandfeldzug, eine ungedeckte Flanke auf dem Balkan, wenn diese Region den Briten überlassen wäre. Zudem sorgte er sich um den Schutz der rumänischen Ölfelder, die er für den Angriff auf die Sowjetunion brauchte.

Diese Gründe führten im April 1941 zum Blitzkrieg der deutschen Wehrmacht gegen Griechenland, das in drei Wochen erobert wurde. Zunächst gab es so etwas wie ein Einvernehmen zwischen Deutschen und Griechen, das aber bald in Feindschaft und Hass umschlug. Im Mai des selben Jahres überfielen deutsche Luftlandetruppen Kreta. An der Verteidigung der Insel haben sich neben britischen und australischen Truppen auch kretische Zivilisten beteiligt. Die deutschen Invasoren mussten hohe Verluste hinnehmen, was nach der völligen Eroberung der Insel zu rabiaten Vergeltungsmaßnahmen führte, was wiederum den Widerstand eskalieren ließ. Die *Andarten* (Partisanen) zogen in die Berge, um von dort aus gegen die deutschen Besatzer zu kämpfen.

Das war ein Signal für den Widerstand auf dem Festland, der nun voll in Gang kam. Im ersten Kriegswinter starben Zehntausende Menschen in Athen und Umgebung während einer Hungersnot, die die Folge schlechter Ernten, Zwangsablieferung an die Wehrmacht und einer britischen Blockade war, die Getreidelieferungen nach Griechenland stoppte. Als Italien 1943 die Seiten wechselte, mussten die Wehrmacht und die SS den Krieg gegen die Partisanen allein führen. Auf die Angriffe des Widerstandes antworteten die Besatzer mit sogenannten Sühnemaßnahmen: Für jeden getöteten Soldaten hatte die Führung in Berlin die Erschießung von 50 griechischen Zivilisten angeordnet. Deutsche Verbände begingen auf dem Festland und auf Kreta furchtbare Verbrechen: Ganze Dörfer und ihre Bevölkerung wurden ausgelöscht.

Es entstanden drei große republikanische Widerstandsgruppen: die sozialistisch-kommunistische EAM/ELAS, die liberale EDES und die linksliberale EKKA. Der EAM/ELAS gelang es, eine echte Volksdemokratie von unten aufzubauen. Sie beherrschte am Ende des Krieges 90 Prozent des griechischen Staatsgebietes. In dieser Organisation spielten die Kommunisten eine wichtige, aber nicht die entscheidende Rolle. Die kommunistische Partei war zu dieser Zeit eine demokratisch-sozialistische Massenbewegung, die keineswegs einen Moskau-treuen Kurs verfolgte. Für die Nachkriegszeit strebte die EAM/ELAS die nationale Unabhängigkeit (vor allem von Großbritannien) an, innenpolitisch wollte man eine demokratisch sozial gerechte Republik mit modernen Strukturen schaffen.

Aber die Briten durchkreuzten diese Pläne und leiteten damit den nächsten Akt der griechischen Tragödie ein: den Bürgerkrieg. Churchill bereitete eine militärische Intervention vor, die die britischen Interessen im Land und in der Region sichern sollte. Und das hieß: die Unabhängigkeit Griechenlands verhindern. Im Oktober 1944 einigte sich der britische Premier in dem berüchtigten Prozentabkommen mit Stalin über die Aufteilung des Balkan: Griechenland wurde britisches Protektorat mit dem wieder eingesetzten König an der Spitze. Die übrigen Balkan-Staaten (mit Ausnahme von Jugoslawien) kamen zum sowjetischen Machtbereich.

Die Briten kehrten die Machtverhältnisse völlig um: Griechenland wurde zum einzigen Land in Europa, wo Kollaborateure nicht bestraft, sondern belohnt wurden, wo die Mitgliedschaft im Widerstand als Verbrechen betrachtet und entsprechend verfolgt wurde. So beschreibt der Historiker Heinz A. Richter die Nachkriegszeit. Es sei daran erinnert, dass die Briten vor ihrem Abzug aus Kreta ihre Waffen den Deutschen übergaben, damit sie nicht in die Hände der Partisanen fallen sollten. Die Linken begingen 1946 den katastrophalen Fehler, die Parlamentswahlen zu boykottieren. Die Rechten hatten nun freie Hand für ihre Politik, was zum Bürgerkrieg führte, der unendliches Leid über das Land brachte. Der Bruderkrieg dauerte bis 1949 und endete mit dem Sieg der Rechten, hinter denen die Briten und später die USA standen. Ab diesem Zeitpunkt herrschte die Rechte in Griechenland unangefochten bis 1974, als die Militärjunta gestürzt wurde. Nach der Niederlage der Linken im Bürgerkrieg wurden Zehntausende Widerstandskämpfer in Lagern interniert oder auf die Gefangeneninseln verbannt, Tausende wurden hingerichtet. Griechenland wurde zu einer Art Militär- und Polizeistaat unter amerikanischer Aufsicht.

Diese Fakten sind bekannt. Was aber wissen die Kreter heute noch über diesen Krieg, der schon fast drei Generationen zurückliegt? Viele Zeitzeugen sind inzwischen verstorben. Aber sie haben ihren Kindern und Enkeln berichtet, was damals geschehen ist. Und deren Erzählungen haben sich tief in das kollektive Gedächtnis der Menschen eingeprägt. Ich habe aber nie erlebt, dass jemand dieses Thema von sich aus angesprochen oder sogar Vorwürfe erhoben hätte. Will man etwas über das Schreckensregiment erfahren, das die Deutschen hier errichtet haben, muss man sie fragen, dann geben sie bereitwillig Auskunft – auch über die Untaten, die die eigenen Leute begangen haben.

Ich habe mich in den Dörfern Miamou und Lentas umgehört, die ich seit Jahren kenne, und einige Berichte zusammengetragen, die aber natürlich keinen Anspruch auf Vollständigkeit erheben. Überall auf der Insel hat sich Ähnliches zugetragen. In Miamou ist vor allem ein Ereignis unvergessen: Ein deutscher Offizier hatte in Gefängnissen auf dem Festland und auf Kreta Schwerverbrecher gesammelt, die alle lebenslänglich einsaßen, und aus ihnen eine Truppe gebildet, deren Aufgabe es war, Angst, Schrecken und Panik zu verbreiten, um die Bevölkerung einzuschüchtern und gefügig zu machen. Mit dieser Bande tauchte der deutsche Offizier im November 1943 frühmorgens in Miamou auf. Er ließ die Glocken der Dorfkirche Sturm läuten. Was hieß: Alle Bewohner des Ortes hatten auf dem zentralen Dorfplatz zu erscheinen. Der Deutsche behauptete, dass sie die Partisanen unterstützt und einige von ihnen in ihren Häusern Waffen hätten. Der Bürgermeister, der mit den Besatzern kollaborierte, verlas dann eine Liste mit den Namen von Bewohnern, die Waffen versteckt hätten. Sie mussten vortreten und wurden auf der Stelle erschossen. Nach dieser Mordaktion zog die Verbrechertruppe weiter.

In Lentas am Libyschen Meer, das damals nur aus wenigen Häusern bestand, mussten die Einwohner zusammen mit Leuten aus Miamou Steine schleppen, um für die deutschen Soldaten zwei Stellungen zu errichten: eine auf der Spitze des Löwenberges, die andere auf der gegenüberliegenden Erhebung. Die Soldaten müssen sich auf diesen Posten sehr gelangweilt haben, denn aus lauter Frust machten diese „Träger einer höheren Kultur" mit ihren MGs Zielübungen auf die marmornen Säulen des antiken Asklepios-Tempels. Die Einschüsse sind heute noch deutlich zu sehen. Als das die Langeweile offenbar nicht vertrieb, wurden ein Schäfer und seine Herde ihre Opfer. Sie erschossen den Mann und viele seiner Tiere. Ältere Einwohner von Lentas können noch das Grab des Schäfers in der Nähe des kleinen Kirchleins zeigen.

Bei Kriegsende bestiegen die Wehrmachtssoldaten ein vor Lentas liegendes Kriegsschiff. Als letzten Gruß feuerten sie vom Meer aus Salven auf die Häuser des kleinen Ortes ab, um sie zu zerstören. Ein Haus war stehen geblieben, es hatte dem Beschuss standgehalten. Da kehrten einige Soldaten zurück an Land und warfen Granaten auf das Haus. Eine Granate explodierte vorzeitig und ein Soldat kam dabei ums Leben. Seine Kameraden begruben ihn am Ortsrand und setzten sich dann wieder auf das Schiff ab. Am nächsten Tag haben Leute aus Lentas das Grab geöffnet und dem Toten die Schuhe ausgezogen, denn sie besaßen selbst keine, so arm waren sie.

Ganz gegenwärtig ist den Menschen hier auch das Massaker von Viannos, auch wenn der Ort einige Kilometer entfernt liegt. In diesem Dorf tauchte Anfang September 1943 ein Mann auf, der einen weißen, zivilen Anzug trug. Er inspizierte das Dorf bis in den letzten Winkel. Die Menschen wurden misstrauisch und fragten ihn, was er wolle. Kein Grund zur Beunruhigung, versicherte er. Wenige Tage später – am 14. September – erschien ein Trupp der Wehrmacht und nahm Rache für zwölf bei Kato Symi getötete deutsche Soldaten: Die Angehörigen der 22. Infanterie-Division erschossen mindestens 358 Männer, Frauen und Kinder des Ortes und brannten ihn völlig nieder. Es war wohl das schrecklichste Massaker, das die Deutschen auf Kreta angerichtet haben. Auf Gedenktafeln an einem Mahnmal sind die Namen der Ermordeten eingraviert. In vier Sprachen (Griechisch, Deutsch, Englisch, Französisch) ist dazu ein Gedicht von Vasilis Rotas zu lesen:

> Vorbeigehender, Achtung,
> Hier unten befinden sich Leichen,
> die nie betrogen haben,
> die nie gelogen haben,
> die Tyrannen nie geachtet haben.
> Vorbeigehender, Achtung,
> Mit reinen Gedanken denke über sie,
> und wenn Du dieses schöne Licht genießt
> und ohne Angst hier laufen kannst,
> und wenn Du geliebt wirst –
> und selber liebst
> und alles Gute, das Du im Leben hast,
> haben Dir diese Leichen geschenkt.

Eines Mannes, der aus Miamou stammte, gedenkt man heute noch mit großer Bewunderung, ja Verehrung. Ihm wird fast Heldenstatus zuerkannt, wogegen er sich mit Sicherheit wehren würde, denn er wollte gerade das nicht sein. Die Rede ist von Kostas Petrakis (1911 bis 1989), der einer der bedeutendsten Führer des kretischen Widerstandes war. Ich weiß deshalb über ihn so gut Bescheid, weil ich die Berichte über ihn aus erster Hand habe. Er hatte zwei Schwestern, von denen die eine die Mutter meines Freundes Kostas Manidakis ist (siehe Kapitel zwei). Die andere Schwester ist die Mutter von Babis, der bei Lentas eine originelle Strandtaverne betreibt. Beide haben mir immer wieder von ihrem berühmten Onkel erzählt und bewahren auch – ganz im Sinne dieses Mannes – ihren linken Widerstandsgeist. Aris, der Sohn von Kostas Petrakis, betreibt eine Strandtaverne neben seinem Vetter Babis. Er ist aber, was seinen Vater angeht, nicht sehr gesprächig. Vielleicht belastet ihn dessen Schicksal so sehr, dass er mit der Vergangenheit nichts mehr zu tun haben will.

Aris hat aber die kleine Schotterstraße, wo sein Privathaus (in dem Kostas Petrakis seine letzten Jahre verbrachte) und seine Taverne liegen, mit einem Straßenschild versehen, auf dem steht: *Odos Odysseas Elytis* – eine Erinnerung an den aus Kreta stammenden Literatur-Nobelpreis-Träger, mit dem Kostas Petrakis befreundet war. So hat die kleine kretische Dorfwelt am äußeren Rand Europas immer wieder enge Bezüge zur großen Welt der Geschichte und Literatur – ein denkwürdiges Phänomen!

Kostas Petrakis' ganzes Leben war Auflehnung und Widerstand, um für sein Ideal einer besseren Welt und für seine Heimat zu kämpfen. Dabei hat er an vielen Fronten gefochten: zuerst 1941 an der Nordfront gegen die Truppen Mussolinis, dann gegen die deutschen Invasoren; 1943 war er auf britischer Seite mit griechischen Verbänden in der Schlacht von El Alamein gegen Rommels Truppen in Nordafrika dabei; Anfang 1945 war er mit griechischen Soldaten in Äthiopien stationiert. Die Engländer sperrten ihn aber ein, weil ihnen seine politischen Ansichten zu aufrührerisch waren. Im Bürgerkrieg kämpfte er gegen die Rechten, Königstreuen und die Landsleute, die mit dem Feind paktiert hatten, ab 1967 gegen die Militärjunta und am Ende gegen die Moskau-hörige griechische kommunistische Partei (KKE).

Den Dank des Vaterlandes für seinen Einsatz im Widerstand hat er nie erfahren. Ganz im Gegenteil: Als Anhänger der KKE wurde er immer wieder verhaftet, 1968 sagte er sich nach dem Einmarsch der Roten Armee in Prag dann von dieser Partei los. Insgesamt 17 Jahre musste Petrakis in Lagern und auf den berüchtigten Gefangeneninseln Makronissos, Leros und Jaros verbringen. Diese Inseln dienten Tyrannen von altersher als Verbannungsort für politische Gegner. Schon die römischen und byzantinischen Herrscher schickten rebellische Zeitgenossen vor allem nach Jaros. Nach dem Zweiten Weltkrieg verschifften königliche Generäle kommunistische Bürgerkriegsgefangene zu Zehntausenden auf die nur von Disteln bewachsene und von Ratten bevölkerte Insel. Die *Teufelsinsel*, wie Internierte sie tauften, war auch noch unter der konservativen Regierung Karamanlis bis 1962 Kerker für politisch Andersgläubige. Als die Obristen 1967 putschten, eröffneten sie die verödeten Lager sofort wieder. Bis zu 6000 Politische waren zeitweise dort zusammengepfercht. Einer von ihnen war Kostas Petrakis. Erst nach vielfältigem Protest löste Papadopoulos das KZ 1971 auf.

Berühmt hat Petrakis aber eine Sabotage-Großtat gemacht: In der Nacht vom 13. auf den 14. Juni 1942 sprengte er zusammen mit französischen Freiwilligen 20 deutsche Flugzeuge und das Treibstofflager auf dem Flughafen von Heraklion in die Luft. Die Maschinen sollten Nachschub für Rommels Truppen nach Libyen bringen. In der Literatur wird dieser Anschlag als einer der größten Sabotageakte des Zweiten Weltkrieges beschrieben. Für diese Großtat hat man ihm vor dem Flughafengebäude in Heraklion einen Gedenkstein errichtet.

Im Leben dieses Helden wider Willen spiegelt sich die politische Tragik und Zerrissenheit Griechenlands im 20. Jahrhundert wider. Unter ständigem Einsatz seines Lebens hat er für sein Land gekämpft, einen wichtigen Beitrag im Widerstand gegen die Hitler-Diktatur geleistet, aber den Herrschenden in Athen galt er als Verräter. Nach dem Krieg 1945 wollte er seine Arbeit (er war studierter Sportlehrer) wieder aufnehmen, aber man sagte ihm auf der zuständigen Behörde: „Du hast gegen die Deutschen gekämpft, Du darfst nicht mehr arbeiten!"

Er ist daran nicht zerbrochen. Verwandte und Freunde, die ihn noch gut gekannt haben, berichteten übereinstimmend, dass er keineswegs über sein schwieriges Vaterland verzweifelt gewesen sei. Wenn man so oft und so tief in die Abgründe des Lebens schauen musste wie er und dem Tod so oft begegnet ist, kann einen vermutlich nichts mehr erschüttern. Dann kennt man keine Furcht mehr. Sehr charakteristisch ist deshalb die Geschichte von seinem Ableben. Als er todkrank in der Klinik in Heraklion lag, hat er mit einem Zimmergenossen fröhlich eine Wette darüber abgeschlossen, wer von ihnen beiden zuerst sterben würde. Beide einigten sich auf einen Bekannten, der nach ihrem Tod den Preis für die gewonnene Wette einstreichen sollte. Es ist wohl diese Einstellung zum Leben, die viele Kreter kennzeichnet und die Nikos Kazantzakis mit den berühmten Worten beschrieben hat: „Ich hoffe nichts, ich fürchte nichts, ich bin frei!"

Die Schrecken des Bürgerkrieges verschonten auch die anderen Dörfer nicht, von denen ich hier berichte. Babis erzählt, dass die

Rechten (er nennt sie Faschisten) ihre Gegner auch geköpft haben. Einen Partisanenführer hätten sie auf diese Weise am Psiloritis hingerichtet. Seine Frau floh mit den Kindern nach Apesokari (Babis' Heimatdorf) und fand dort Unterschlupf bei mehreren Familien, die aber Angst hatten, sie länger zu beherbergen. Ein Faschist im Nachbardorf Plora, der einen anständigen Charakter gehabt habe, habe sie aufgenommen. Ihm konnte man nichts tun. Später tauchte die Frau mit ihren Kindern unter. Babis hat heute noch Kontakt zu einer Tochter von ihr.

Babis zeigt mir ein Buch, das er gerade gelesen hat und das im Land zur Zeit Aufsehen erregt. Die Griechin Dimitra Petroula hat es im Alter von 50 Jahren geschrieben, um sich von den schrecklichen Erlebnissen ihrer Kindheit zu befreien. Der Titel ist schwer zu übersetzen, er lautet etwa: *Verdammt – wo ist deine Mutter?* Die Autorin stammt aus einer kommunistischen Familie auf der Mani (Süd-Peloponnes). Als sie vier Jahre alt war, fiel zur Zeit des Bürgerkrieges eine Bande von Faschisten in ihr Dorf ein und richtete ein furchtbares Blutbad an. Die kleine Petroula verlor die Mutter und mehrere Geschwister. Ihr Vater und zwei Brüder überlebten nur, weil sie in den Bergen kämpften. Zwei Tage lang lag das kleine Mädchen zwischen lauter Leichen – ihren toten Hund in den Armen. Es musste dann eine Odyssee bei Verwandten durchmachen. Später musste sie erfahren, dass unter den Mördern ihrer Familie auch Verwandte waren. 42 Menschen haben die Faschisten umgebracht, die Autorin hat sie in ihrem Buch alle namentlich aufgeführt.

Nach vielen Jahren wagte sie es zum ersten Mal, in ihr Dorf zurückzukehren. Ein Schäfer erkannte sie und erzählte ihr Vieles von den damaligen Geschehnissen und zeigte ihr die Stelle, wo die Toten des Massakers begraben sind. Als sie wieder zu Hause war, träumte sie, dass der Schäfer sie bat, keine Rache zu üben, sondern ein Monument des Friedens zu errichten, auf dem aus den Kugeln, die die Menschen getötet hatten und ihnen entnommen worden sind, das Wort *PEACE* geschrieben steht.

Dieses grausame Massaker hat sich nicht auf Kreta ereignet, aber es hätte auch hier geschehen können. Als Babis mir diese Geschichte erzählt, versagt es ihm zum Schluss die Stimme und er wischt sich verlegen ein paar Tränen weg.

Fünftes Kapitel

Henry Miller, Phaistos und die Himmelskönigin

Phaistos ist ein Sehnsuchtsort für mich, ein Ort, den man immer wieder aufsucht – wie Delphi, Epidaurus oder die Akropolis in Athen. Jeder dieser Orte hat seine ganz eigene Faszination, die mich immer wieder zu ihnen hinzieht. In Delphi ist es der griechischste aller Götter, Apoll, dessen Zauber von Musik, Harmonie und Humanität noch heute über dieser Tempelstätte im Parnass-Gebirge liegt und mich jedes Mal aufs Neue tief berührt. In Epidaurus ist es das Mysterium der vorwissenschaftlichen antiken griechischen Medizin, deren Verkörperung der Heilgott Asklepios war, ein Sohn des Apoll. In Griechenlands Götterpantheon hängt alles eng zusammen. Die Heilmethoden von Epidaurus mögen uns heute absurd und lachhaft erscheinen, aber hier wurde der Mensch noch als Ganzheit gesehen. Höchstes Ziel war, ihn mit den Göttern (dem Kosmos) zu versöhnen, denn Krankheit wurde als *Abfallen aus der Ordnung* verstanden, und nur durch *re-ligio* (Wiederanbindung an das Göttliche) konnte Heilung erfolgen. Der Parthenon auf der Akropolis in Athen vereint dies alles in dem einen Satz, den Nikos Katzanzakis nach jahrelanger Einweihung vor der Vorderfront mit ihren Säulen und dem Giebel stehend empfand: „Niemals verbanden sich Zahl und Musik so innig.“

Was macht nun Phaistos so einmalig? Nicht die steinernen Überreste des Palastes oder die verwitterten Grundmauern sind es, die der Laie kaum deuten kann. Die Vorstellungskraft reicht nicht aus, um sich das Wunderwerk des letzten minoischen Palastes, der etwa um 1450 v. Chr. durch ein Erdbeben, den Santorin-Vulkanausbruch oder die Einwirkung von Feinden zerstört wurde, im Bild vor Augen zu rufen. Natürlich gibt es Rekonstruktionen, die diese aus quaderförmigen Teilen, vielfach verschachtelte, und deshalb trotz ihrer Steinmassen so leicht und schwebend wirkende Architektur zeigen. Da gibt es Tore, ein majestätisches Propylon, Hallen, Lichthöfe.

Korridore, Balustraden, Passagen, Terrassen, Freitreppen, Prozessionswege und ein *Theatron* als Tribüne für das Publikum bei den Festakten. Da gibt es große Sakralräume mit Altären, Opfertischen und Kultbecken, Pfeilerkrypten, königliche Wohnungs- und Empfangsräume sowie – etwas abseits – Magazine für die Vorräte. Die miteinander verschränkten und immer wieder unterbrochen angelegten Palastteile sind wie Zellen auf harmonische Weise miteinander verbunden – durchgegliedert und immer wieder aufgelockert durch Säulenreihen (oft mit dem Symbol der Doppelaxt über dem Portikus gekrönt), durch Fenster, Türen, Öffnungen im Mauerwerk, die Lichtblicke nach außen verschafften. Phaistos und auch die anderen minoischen Paläste waren Gesamtkunstwerke der feinsten Art.

Man muss die Literatur und Abbildungen von Rekonstruktionen zu Hilfe nehmen, will man das vollständige Bild vom Palast erhalten. Die kahlen Mauerreste, die kleinen dachlosen Kammern und die verwitterten Grundrisse lassen nichts von der einstigen Pracht erahnen, die hier geherrscht hat. Warum ist Phaistos dennoch von so großer Faszination? Der Dichter Homer (um 800 v. Chr.) preist den Ort, wo Rhadamanthys, der König von Phaistos, „im Bereich der Glückseligen herrscht, wo das Meer den Hauch des Zephyros (Nordwestwind) sendet, um die Menschen zu erquicken". (Odyssee IV, 565 ff.). Den Zauber dieses Ortes spürt man ganz unmittelbar: auf der einen Seite das gewaltige Massiv des Ida-Gebirges, das oft im Juni noch eine Schneekrone trägt, auf der anderen Seite das unendlich sich hinziehende sanfte Grün der Messara-Ebene mit ihrem Blütenzauber. Und das Meer im Süden unweit von hier ist immer gegenwärtig. Über welch eine Genialität mussten die Menschen vor Jahrtausenden verfügt haben, die genau diesen Platz für den Bau ihres Palastes auswählten!

Der amerikanische Schriftsteller Henry Miller hat Phaistos 1938 kurz vor Ausbruch des Zweiten Weltkrieges besucht, als wegen des sich ankündigenden Völkergemetzels kaum noch Touristen hierher kamen. Seine Beschreibung des Ortes in *Der Koloss von Maroussi* hat Phaistos in mythische Höhen erhoben. Miller lässt sich kaum auf die heute durch die Archäologen gesicherten historischen Fakten ein, er ist völlig gefangen vom *genius loci*. Als der Fremdenführer Alexandros, der für Miller wegen seiner herzlichen, offenen und gastfreien

Art zum Inbegriff des Griechen wird, ihn durch das Ruinenfeld führt und er den Blick rundum schweifen lässt, kann er nur noch überwältigt konstatieren: „Mein Gott, es ist unglaublich! Ich wandte die Augen ab, es war zu viel, um alles auf einmal in sich aufzunehmen."

Dann folgt ein Hymnus auf die Schöpfung: „Ich war wie berauscht, ich kam mir vor wie einer der großen Monarchen der Vergangenheit, die ihr Leben der Förderung von Kunst und Kultur gewidmet haben. Ich empfand nicht mehr das Bedürfnis nach Reichtum, ich hatte den Höhepunkt erreicht, ich wollte schenken, verschwenderisch, bedenkenlos alles verschenken, was ich besaß. (…) Das ist das erste Mal in meinem Leben, sagte ich mir, dass ich jeden und alles auf dieser Erde in einem einzigen Gedanken umschlossen habe. Gesegnet sei die Erde, gesegnet sei jeder Fußbreit dieser Erde, jedes lebende Atom, und alles ist lebendig, atmet wie ich und ist sich dessen völlig bewusst."

Alexandros bringt einen Tisch, Stühle, Essen und Wein heraus, und als sie da saßen – der Autor aus Brooklyn, der durch sein Buch *Wendekreis des Krebses* Berühmtheit erlangt hatte, und der kretische Bauer Alexandros, der Fremdenführer geworden war –, da kann Miller seinen Gefühlen nur mit einem Ausflug in den Mythos Ausdruck geben: „Unter mir breitete sich, einem unendlichen Zauberteppich gleich, die Ebene von Messara, eingeschlossen von majestätischen Gebirgsketten. Von dieser erhabenen Höhe sieht sie aus wie der Garten Eden. An diesen Toren des Paradieses machten die Nachkommen von Zeus auf ihrem Weg zur Ewigkeit Halt, um einen letzten Blick auf die Erde zu werfen, und sie sahen mit den Augen der Unschuldigen, dass die Erde wirklich das ist, was sie immer geträumt hatten: eine Stätte der Schönheit und der Freude und des Friedens. Im Grunde seines Herzens ist der Mensch ein Engel, im Herzen ist er eins mit der ganzen Welt. Phaistos birgt alle Elemente des Herzens, es ist weiblich durch und durch. Alles, was der Mensch vollbracht hat, ginge verloren, gäbe es nicht dieses letzte Stadium der Bußfertigkeit, das hier im Sitz der himmlischen Königinnen verkörpert ist."

Der oft als größte Pornograph der Weltliteratur bezeichnete Henry Miller erweist sich hier als Mystiker, der er in Wirklichkeit auch war: Er will die Welt nicht verändern, sie ist für ihn – wenn man sie richtig versteht – die beste Ordnung überhaupt, man muss sich nur angemessen in sie einordnen. Der Mensch ist – so gesehen – in Wirklichkeit ein Engel, wenn er eins ist mit dieser Ordnung. Bei solchen Gedanken fällt einem unwillkürlich Albert Einsteins *kosmische Religion* ein, deren Kernsatz lautet: „Ich glaube an den Gott, der sich in der gesetzlichen Harmonie des Seienden offenbart, nicht an einen Gott, der sich mit den Schicksalen der Menschen abgibt." Dass Miller dieses mystische Erlebnis gerade in Phaistos hatte, spricht für das wunderbare Flair dieses Ortes, das er offenbar von seinen ersten Anfängen an hatte.

Es kommt etwas anderes hinzu: Millers Griff zu den Mythen war kein Zufall. Phaistos und Knossos waren keine Schauplätze, die große historische Ereignisse hervorgebracht haben und deshalb bedeutend waren. Zumindest weiß man darüber nichts, weil es keine Überlieferung gibt. Sie leben in der Erinnerung vor allem von ihrer mythischen Vergangenheit. War Minos der Name des Königs von Knossos, war er also eine historische Gestalt oder war Minos der Titel des Königs? Man weiß es nicht, aber im Mythos lebt er fort als großer Gesetzgeber, Priesterkönig und Herrscher über das Meer. Knossos war seine Hauptstadt, sein weitläufiger Palast, das von Dädalos geschaffene Labyrinth. Pasiphae, seine Gattin, hatte sich mit einem Stier vereinigt und das Ungeheuer Minotaurus geboren (ein Mensch mit Stierkopf, der im Labyrinth hauste), dem die Athener alle neun Jahre sieben Jungfrauen und sieben Jünglinge opfern mussten. Theseus, der Sohn des Königs von Athen, tötet das Ungeheuer und findet mit dem Faden der Ariadne wieder aus dem Labyrinth heraus.

Minos war aus der Verbindung der phönizischen Königstochter Europa mit Zeus hervorgegangen. Sein Bruder war Rhadamanthys, der als gerechter König und Gesetzgeber in den heiteren Gefilden von Phaistos herrschte. Nach seinem Tod war er Herrscher und Richter in der Unterwelt. Phaistos ist also eng mit dem Mythos von Zeus und Europa verbunden. Hier klingt die kultische Verbindung von göttlicher und irdischer Ebene in der *Heiligen Hochzeit* schon an, die in der minoischen Religion eine so große Rolle spielt. Mythos und Geschichte verbinden sich so eng miteinander, dass niemand sie bis heute entwirren konnte. Die Begegnung von Göttern und Menschen, wie Henry Miller sie beschreibt, war den Minoern – wie auch später den Griechen – noch ganz selbstverständlich.

Es ist also nicht dichterische Phantasie, wenn Miller im Zusammenhang mit Phaistos von den *himmlischen Königinnen* spricht. In der Religion der Minoer spielte eine solche Königin eine bedeutende Rolle. Sie war die Herrin über den kosmischen Naturzyklus von Wachsen und Vergehen, von Tod und Wiederkehr. Kreta war in dieser Zeit eng verbunden mit den Kulturen des Nahen Ostens (dem sumerisch-semitischen Kulturkreis des Zweistromlandes, mit Syrien, Palästina und Ägypten). Von dort wird auch das Götterpaar Adad/ Ba'al und Ichtar/Anat seinen Weg nach Kreta gefunden haben: der jugendliche Wetter- und Vegetationsgott und die Große Göttin, die Himmelskönigin.

Sie war die Spenderin von Fruchtbarkeit und Leben, die Herrin über die Lebenden und die Toten. Am Ende der Vegetationszeit, wenn die Ernte eingebracht war und die Natur abzusterben begann, beklagten die Menschen den Tod des Vegetationsgottes, der neben der Göttin eine eher untergeordnete Rolle spielte. Er verschwand in der Unterwelt, um mit dem Einsetzen der Regenzeit zurückzukehren. Mit Jubel wurde dann das Auferstehungs- und Neujahrsfest gefeiert. In dem *Kultakt der Heiligen Hochzeit* verband sich der Gott mit der Himmelskönigin. Und damit begann aufs Neue der fruchtbare Zyklus der Natur. Eigentlich gab es zwei heilige Hochzeiten im alten Kreta: die eine gehörte zur Regenperiode des Winterhalbjahres, die andere zur Schönwetterperiode des Sommers. Das Erscheinen der Göttin wurde bei den Festlichkeiten mit ekstatischen Tänzen begangen, die Gebäude wurden mit frischem Grün geschmückt. Die Göttin trat mit erhobenen Armen auf (wie viele Darstellungen belegen). So hielt sie die Hände über den Sonnenkreislauf und stellte den Vegetationsrhythmus des Jahres sicher. Durch den Beischlaf mit der Göttin erhält der jugendliche Gott neue Kraft, die durch seine magische Anwesenheit auf die Vegetation übertragen wird.

Der griechische Früh- und Vorgeschichtler Stylianos Alexiou erklärt, warum dieser Vegetationszyklus die Grundlage der altkretischen Religion ist: „Die Technik hat den modernen Menschen der Natur entfremdet, und der Kreislauf der Jahreszeiten berührt den

Städter kaum. Fast niemand bemerkt oder beachtet Saat und Ernte. Für den Menschen der Frühzeit lagen die Dinge grundsätzlich anders. Die Abfolge der Jahreszeiten und das geheimnisvolle Phänomen des Wachsens und Vergehens der Pflanzen bewegten ihn zutiefst, denn damit war seine Existenz unmittelbar verknüpft. Mit Bangen verfolgte er das jährliche Sterben der Natur, ängstlich fragend, ob die Bäume je wieder Früchte tragen würden, ob im kommenden Frühling die in die Erde gelegte Saat wieder aufgehen würde. Die unverhoffte Wiederkehr erfüllte ihn mit unsäglicher Freude. Vereinfachend können wir sagen, dass der Wechsel dieser Empfindungen zur Personifikation der Vegetation als göttliches Kind oder jugendlicher Gott führte, der jedes Jahr stirbt und wieder aufersteht. Die schöpferische Kraft der Natur nahm andererseits die Züge einer großen Mutter an, die auch als Gemahlin des jungen Gottes erscheint. Die Heilige Hochzeit, die Vereinigung der Göttin mit dem Gott, der gewöhnlich kurz nach der Hochzeit stirbt, symbolisiert die Befruchtung der Erde."

Die große Göttin und der jugendliche Gott, waren nicht nur die Verkörperung von Naturkräften, sie waren auch die Herrscher des himmlischen und zugleich Lenker des irdischen Königtums. Sie traten als Könige der kosmischen Ordnung auf. Irdische Könige vertraten und repräsentierten in Städten wie Phaistos, Knossos oder Malia diese göttliche Herrschaft auf Erden. Sie hatten die von den Göttern für die Menschen bestimmte Ordnung in Kult und Politik durchzusetzen und waren so auch die obersten Priester. Am Neujahrstag erhielt der König im jährlich sich wiederholenden Kult der Inthronisierung aus der Hand der Himmelskönigin den Götter- und Hirtenstab – die Insignien seiner Macht. Dieses Fest wurde ursprünglich wohl in Heiligtümern auf den Gipfeln der Berge gefeiert, später in den Palästen, die nicht nur Residenz der Herrscher, sondern auch sakrale Bauwerke waren – eben Zentren des religiösen Kults.

Tiersymbole haben den Kult der Minoer immer begleitet: Löwe, Panther, Schlange, Bock, Vogel und Hirsch verkörpern bestimmte Wesenskräfte des Gottes, in ihren Erscheinungsformen konnte sich aber auch der Gott offenbaren. Der Stier war die ureigenste Tiergestalt des Gottes, in ihm sah man die als direkt anwesend empfundene göttliche Lebenskraft, er dominierte das Leben des palastzeitlichen minoischen Kretas. Überall in den Palästen ist das stilisierte Symbol der Stierhörner zu finden: auf Tempelwänden, Palastfassaden, Kultgefäßen und Altären. Beim tollkühnen Stierspringen in den großen Höfen der Paläste erprobten die jungen Männer die eigene Kraft und Geschicklichkeit an der Elementargewalt des Stieres – bei Berührung des Stieres sollte die göttliche Lebenskraft dieses Tieres auf sie übergehen.

Aber war das Leben in minoischer Zeit wirklich so unbeschwert und heiter, wie es die erhaltenen bunten Wandbilder von Blumen, Papyrusstauden, Efeu, Meerestieren, Affen, Vögeln, Antilopen und sorglosen Menschen aus dieser Zeit zu belegen scheinen? Henry Miller hat daran wohl fest geglaubt: Er schrieb: „Knossos [und das gilt natürlich auch für Phaistos] spiegelt in allem, was von ihm noch erhalten ist, die Pracht und die Kraft und den Überfluss eines mächtigen friedlichen Volkes wider. Es ist lebenslustig, gesund, heilsam. Das gewöhnliche Volk spielte eine große Rolle, das ist offensichtlich. (...) In vieler Hinsicht ist es geistig den modernen Zeiten – dem zwanzigsten Jahrhundert würde ich sagen – näher als andere Epochen der hellenischen Welt. (...) Die religiöse Note scheint angenehm abgeschwächt; Frauen spielten eine bedeutende, gleichberechtigte Rolle in den öffentlichen Angelegenheiten dieses Volkes; ein spielerischer Geist ist bemerkbar. Kurz gesagt, die vorherrschende Note ist Freude. Man spürt, dass jene Menschen lebten, um zu leben, dass sie nicht von Gedanken an ein Jenseits geplagt wurden, dass sie nicht von einer übertriebenen Ahnenverehrung bedrückt und gehemmt wurden, dass sie religiös waren, in der einzigen Weise, die dem Menschen ziemt: aus allem das Möglichste zu machen und das Äußerste aus jeder Minute des Daseins herauszuholen."

Der Ausgräber von Knossos, Sir Arthur Evans, leitete aus den Ergebnissen seiner Grabungen eine große Vision ab: ein Gegenbild zu dem von ihm mit Pessimismus betrachteten zeitgenössischen Amerika und Europa. Sein Bild bestand aus einer wunderbaren mediterranen Szenerie mit schönen Farben, Blumen und Tieren; unter dem Eindruck der minoischen Zeit hatte er die Vision von einer friedvollen Welt, in der die Geschlechter insofern im Einklang miteinander lebten, als die Minoerinnen die große Muttergottheit verehrten, die Männer jedoch die Angelegenheiten des Staates kontrollierten. Evans schätzte die Kultur der Minoer höher ein als die des klassischen Griechenland.

Ist das aber die ganze Wahrheit über die minoische Kultur? Auch Evans wusste aus den Ergebnissen seiner Grabungen sehr wohl, dass es in jener Zeit auch Kriege und Konflikte auf Kreta gegeben hat, was er aber verschwieg und was erst nach seinem Tod veröffentlicht wurde. Die Schönheit der Paläste rührt sicher auch daher, dass sie keine schützenden und wehrhaften Mauern aufwiesen. Vielleicht konnte das Leben deshalb heiterer und unbeschwerter sein als an anderen Orten der Geschichte. Anstatt mit wehrhaften Mauern an Land, hielten die Minoer alle Feinde mit ihrer starken Flotte bereits auf dem Meer ab. Was Sir Arthur Evans noch nicht wusste: Die Minoer kannten Menschenopfer. Millers *himmlische Königin* war auch Kriegsgöttin, ihr Symbol war die Doppelaxt. Vieles an diesem faszinierendem Volk ist noch Geheimnis (auch seine Herkunft) und es wird vielleicht auch nie gelüftet werden.

Sechstes Kapitel

Nikos Kazantzakis, Kreta und der Halbgott Alexander der Große

Der kretische Schriftsteller Nikos Kazantzakis (1883 bis 1957), der aus Heraklion stammt, gehört zu den bedeutendsten Schriftstellern der griechischen Literatur des 20. Jahrhunderts. Auch in der Weltliteratur hat er mit seinen Romanen *Griechische Passion*, *Freiheit oder Tod*, *Die letzte Versuchung Christi* und *Alexis Sorbas* seinen festen Platz. Umso erstaunlicher ist es, dass dieser Autor ein Buch hinterlassen hat, das wenig bekannt, ja fast vergessen ist. In Griechenland kam es erst 1979 heraus, also 22 Jahre nach seinem Tod. In Deutschland ist es im Jahr 2015 erschienen. Es ist ein Roman über Leben und Wirken des makedonischen Königs Alexander (356 bis 323 v. Chr.) der gemeinhin der Große genannt wird.

In den gängigen Kazantzakis-Biographien findet man nichts über dieses Buch, als sei es nicht der Erwähnung wert. Die Auflösung des Rätsels ist: Der Autor schrieb diesen Roman um das Jahr 1940 herum für ein jüngeres Publikum. Offenbar brauchte er Geld, was ja keine Schande ist, denn auch Schriftsteller müssen leben. Der Zweite Weltkrieg war zudem schon in vollem Gange, was die materielle Not des Autors vermutlich verstärkt hat. Diese Umstände bedeuten aber nicht, dass Kazantzakis ein schlechtes Buch geschrieben hat.

Kazantzakis schildert, spannend wie ein Abenteuer-Roman von Karl May, die Geschichte dieses außergewöhnlichen Königs, der im Alter von zwanzig Jahren im kleinen griechischen Staat Makedonien seinem Vater auf dem Thron nachfolgte und mit seinem Heer auszog, ein großes Reich zu erobern. Er unterwarf Ägypten und das riesige Perserreich, das sich von Kleinasien (die heutige Türkei) bis an die Grenzen Indiens erstreckte. Der Perserkönig Dareios III. bäumte sich vergeblich gegen seine Übermacht auf. Alexander verstand die Eroberung dieses Reiches auch als Rache für die Invasion der Perser 150 Jahre zuvor in Griechenland.

Er begnügte sich aber nicht mit dieser Eroberung, sondern zog mit seinem Heer weiter nach Zentralasien, kam bis ins heutige Afghanistan und nach Usbekistan, wandte sich dann nach Süden und besetzte große Teile Indiens. Erst hier, als seine Soldaten ihm nicht mehr weiter folgen wollten, kehrte er mit seinem Heer, das er in drei Verbände aufgeteilt hatte, zurück ins Zweistromland (der heutige Irak) und machte Babylon zu seiner neuen Hauptstadt. Hier starb er bald darauf im Jahr 323. Der Feldzug – die dramatische Geschichte einer Welteroberung – ist, wie auch immer man ihn beurteilt, eines der großen Epen der Weltgeschichte, das von Schlachten, Revolten, Liebe, Verrat, Großmut, unglaublicher Grausamkeit, übermenschlichen Strapazen und extremen Ausschweifungen handelt.

Kazantzakis schildert den jungen Alexander als einen Liebling der Götter: „Ein stolzer, groß gewachsener Jüngling mit goldenem Haar und hurtigem Schritt, den Kopf leicht nach links geneigt. Die Augen waren blau und leuchteten wie Sterne." Eine übernatürliche Autorität ging von ihm aus, der sich Menschen und sogar Tiere bereitwillig unterordneten. Berühmt ist die Szene, wie er den wilden Hengst Bukephalos zähmt, der alle anderen Reiter abgeworfen hatte: „Man spürte, dass sich Tier und Mensch versöhnt hatten, das wilde Tier erkannte die Überlegenheit von Alexander an und hatte sich ihm unterworfen", schreibt Kazantzakis. Die Menschen folgten ihm ebenso willig. Wie sonst hätte er ein so großes Heer unter so fürchterlichen Strapazen nach Indien führen können?

Dieser junge Mann besaß eine eiserne Willens- und Tatkraft. Er fühlte sich als Nachkomme des griechischen Helden Achill, der vor Troja gekämpft hatte, und des Halbgottes Herakles, der übermenschliche Taten vollbracht hatte. Alexanders Lehrer, der große Philosoph Aristoteles (384 bis 322 v. Chr.), der ihn lange Zeit unterrichtet hat, sagte über seinen Schüler – so formuliert es Kazantzakis: „Groß und edel ist das Geschlecht der Hellenen. Vor Jahren gebar es Achill, den vollkommenen Jüngling. Und jetzt hat es schon wieder denselben Jüngling gezeugt, vollkommen an Schönheit, Kraft und Edelmut. Es fehlt ihm an nichts." Dieser Jüngling fühlte sich selbst als Löwe und zu großen Taten berufen. Aber er war nicht nur ein Tatmensch, sondern hatte – angeregt vermutlich durch Aristoteles – viel Sinn für Kunst, Wissenschaft und Philosophie. So umgab er sich auch während seines langen Feldzugs immer mit Künstlern, Wissenschaftlern und Philosophen.

Früh schon, als sein Vater Philipp II. noch König war, war er besessen von einer Vision: „Alexander blickte schweigend in die Ferne, nach Südosten. Er erriet dort hinten das Meer und hinter dem Meer die Küste von Kleinasien, sein Geist verweilte kurz bei den Ruinen von Troja, am Grabmal seines großen Vorfahren Achill. Und mit einem Mal stürmte sein Geist in die Tiefen Asiens, durchquerte die Wüsten, überschritt den Euphrat, drang nach Persien ein, sprengte die Türen der Paläste des persischen Königs in Babylon, Susa, Persepolis, Ekbatana, erreichte das geheimnisvolle Indien …"

Aber bevor er den großen Zug nach Asien begann, musste Griechenland noch geeint werden. Das Land war in keinem guten Zustand. Die große Zeit des Perikles war lange verblasst. Uneinigkeit und Zwietracht herrschten unter den einzelnen Stadtstaaten. Revolten und Aufstände zerrissen das Land. Aristoteles, der selbst unter diesen Zuständen litt, sagte – so Kazantzakis – zu Alexander: „Der morgige Tag wird für die Geschichte Griechenlands entscheidend sein. Dein Vater zieht los, um den griechischen Stadtstaaten, die sich seit so vielen Jahren gegenseitig bekämpfen, Eintracht und Frieden zu bringen. Wenn er es schafft, wird der große Traum jeder wahrhaft hellenischen Seele Wirklichkeit: Griechenland wird geeint, der erste Schritt ist getan, und dann wirst du, Alexander, deinen Traum eines Tages verwirklichen können: Asien zu erobern."

In einem kurzen Feldzug, an dem Alexander teilnahm, besiegte Philipp II. die Athener bei Chaironeia. Griechenland war nun von den Makedonen unterworfen, es war wieder zu einer Einheit geworden. Kazantzakis' Alexander träumt: „Mein Vater beginnt das große Werk, ich werde es vollenden. Mein Vater befriedet und eint ganz Griechenland. Ich werde sein Anführer, und ich werde das Licht Griechenlands auf der ganzen Welt verbreiten."

Alexander will also Asien nicht nur erobern, um es zu beherrschen, er hat viel mehr im Sinn: Er will den Asiaten, die er für Barbaren hält, die griechische Zivilisation bringen. Als Aristoteles ihn fragt, wie er das machen wolle, sagt er: „Es reicht nicht, nur auf den Leib zu schauen, man muss auch die Seele erobern. Um Asien wirklich zu erobern, muss man vor allem die Seele erobern." Er will den

Asiaten die Kunst, die Literatur und Wissenschaft Griechenlands vermitteln. „Sie sollen wie die Griechen leben: dass ihr Geist erleuchtet werde, ihre barbarische Kraft ins Gleichgewicht kommt. Und sie sollen lernen, dass das höchste Gut des Menschen die Freiheit ist."

Kazantzakis wäre nicht Kazantzakis, wenn er nicht seine Insel – das große Kreta – politisch und militärisch mit ins Spiel bringen würde. Alexanders Admiral Nearchos, der Mann, der die Flotte befehligt und für den Bau der Schiffe auf den Werften zuständig ist, stammt aus Lato (nahe dem heutigen Agios Nikolaos). Er ist ein stämmiger Seemann, der berühmt ist für seinen Mut auf dem Meer. Oft denkt er an seine Insel: „Seine ferne Heimat Kreta kam ihm in den Sinn, wo er als barfüßiges Kind, als Schiffsjunge weggegangen war. Was hatte er nicht alles durchgemacht! Welche Stürme auf dem Schwarzen Meer! Die Wellen erhoben sich wie Berge, und das bedauernswerte Schiff fuhr bergauf, bergab, es knarrte, seine Masten brachen, die Segel wurden zerfetzt, aber es sank nicht – es kämpfte wie ein Mann. So muss des Menschen Seele sein, dachte Nearchos oft."

Aber es gibt noch mehr Kreter in diesem Roman und auch in der historischen Realität. Die kretischen Bogenschützen – die berühmtesten des ganzen Altertums – gehörten zu den besten Truppenteilen Alexanders. Diese mutigen und tapferen Männer befehligte der Kreter Klearchos, den Kazantzakis als „wahren Riesen mit krausem und pechschwarzem Haar" beschreibt. Und dann ist da auch noch Alka, Nearchos' Tochter, die immer mit Sehnsucht von ihrer Inselheimat schwärmt und Alexanders Pagen Stefanos liebt, dem sie bis nach Asien folgt. Aus der Sicht dieser beiden jungen Leute beschreibt Kazantzakis vor allem Alexander und seine Welt, denn sie gehören zum engsten Umfeld des Königs.

Als Alexander Asien bis zum Indus erobert hatte und nun der Herrscher über den riesigen Kontinent war, wollte er weiter vordringen – bis zum Ende der Welt. Die Griechen hatten die Vorstellung, dass die Erde eine Scheibe und ringsum vom großen Ozean – dem *Okeanos* – umflossen sei. Bis zu diesem Weltmeer wollte Alexander im Osten vorstoßen. Hatte er diese Idee von Anfang an oder ergab sie sich für ihn erst, als er die grenzenlosen Weiten Asiens hinter sich hatte und glaubte, das äußerste Ende der Welt vor sich zu haben? Kazantzakis sagt es nicht. Aber er legt seinem Alexander die Worte in den Mund: „Der Gott hat mir die Weltherrschaft verliehen. Ich habe die Pflicht, bis ans Ende der Welt zu gelangen. Dorthin, wo der große Ozean beginnt. Jenseits von Indien." Der Gott, auf den Alexander sich hier bezieht, ist der ägyptische Gott Amun, dessen Orakel er in der Oase Siwa befragt hatte.

Aber die Armee war erschöpft von den ungeheuren Strapazen, elf Jahre war sie insgesamt unterwegs und hatte über 30 000 Kilometer zurückgelegt. Die Soldaten wollten nicht mehr weiter, sie wollten nach Hause. Alexander lässt Nearchos am Indus eine Flotte bauen, die die Truppen den Fluss hinunter zum Indischen Ozean bringen sollte, den Alexander für den Okeanos hielt. Auf einer Insel an der Indusmündung sagt er: „Wir sind am Rand der bewohnten Welt angelangt. Von hier aus gibt es nichts mehr. Wir können jetzt umkehren." Er beauftragt Nearchos, die Flotte und einen Teil der Soldaten auf dem unbekannten Meer ins Zweistromland (der heutige Irak) zu bringen, was auch gelang, während er selbst mit dem Rest der Truppen den Landweg durch die Wüsten nahm.

Aber Alexander will sich mit dem Erreichten nicht zufrieden geben, er hat schon neue Pläne. Nearchos soll eine neue Flotte bauen, mit der will er Afrika umrunden, um den Rand des Erdkreises zu finden. Durch die Säulen des Herakles (Gibraltar) will er dann ins Mittelmeer und nach Makedonien zurückkehren. Nearchos soll als erfahrener Seefahrer diese neue Expedition anführen.

Aber der Orient hat Alexander verändert. Als er am Anfang seines Feldzuges das Orakel von Siwa verlassen hatte, soll er in seiner ersten Ergriffenheit geäußert haben: „Als ob ich kein Mensch, sondern ein Gott wäre!" Von nun an trug er wie der Gott Amun zwei kleine elfenbeinerne Widderhörner am Kopf. Kazantzakis lässt einen seiner Offiziere sagen: „Ich bedaure die Menschen, die einen Übermenschen zum König haben." Vermutlich war es die unbegrenzte Macht, die Alexander immer mehr den Kontakt zur Realität verlieren ließ und dazu führte, dass er sich als Gott wähnte. Als sein enger Freund Kleitos ihm bei einem Gelage, als alle viel getrunken hatten, an den Kopf warf: „Du hast jedes Maß verloren und verlangst jetzt von uns, die wir freie Menschen sind, dass wir dich anbeten. Du bist kein Gott. Du bist ein Mensch!", verlor Alexander vor Wut die Beherrschung und brachte den Freund mit einer Lanze um.

Aber der engste Kreis um den König erkannte seinen Gottstatus an. Der Kreter Nearchos sagt, als die Zweifel an Alexanders Welteroberungsplänen unter den Soldaten wuchsen: „Alexander ist nicht wie wir anderen einfachen Sterblichen, er ist ein Halbgott. Alle Götter Griechenlands sind auf seiner Seite." Auch Nearchos selbst rückt in Kazantzakis Beschreibung in mythische Höhen auf. Der Autor beschreibt das risikoreiche Unternehmen, mit den von Nearchos gebauten Schiffen den Indus hinunter und dann über den unbekannten Ozean zum Persischen Golf zu fahren, so:

„Es war die erste große Entdeckungsreise, die aus der Geschichte überliefert ist. Die Entfernung war derart groß und die Meere waren so gefährlich, dass ein unvorstellbarer Mut nötig war, damit jemand mit den Schiffen jener Zeit ein derart ungewisses Abenteuer wagte. Und selbst wenn man die schweren Stürme überstehen würde, würde man Hunger und Durst entkommen? Es bedurfte fürwahr eines Anführers, der tapfer und zugleich klug und besonnen war, um eine solche lange Reise zu einem guten Ende zu bringen. Nearchos glich dem mutigen und listenreichen Odysseus des Homer. Und wenn Alexander sich dem Achill, dem Helden aus der *Ilias* ebenbürtig erwies, dann war Nearchos dem Odysseus ebenbürtig, dem Helden der *Odyssee*."

Nearchos gewinnt so sehr das Vertrauen Alexanders, dass dieser ihn sogar als Nachfolger ins Gespräch bringt, wenn er sterben sollte. Dem Kreter vertraut der König das tiefste Geheimnis seiner Seele an. Als Nearchos die Flotte erfolgreich ins Zweistromland zur Mündung des Euphrat gebracht und sich mit dem Heer vereinigt hatte, fragt Nearchos den König: „Sind wir jetzt fertig?" Der schüttelt den Kopf: „Nein", sagt er, „der wahre Mensch muss kämpfen, solange er lebt. Er darf niemals sagen: Es reicht! Nein, wir sind niemals fertig, wir fangen gerade erst an!" Nie aufhören, vorwärts, immer weiter und weiter – seien die Ziele auch noch so unbekannt und die Hürden zu ihrer Überwindung noch so hoch. Das war die Lebensdevise Alexanders.

Mit dem Tod des jungen Königs, mit 32 Jahren in Babylon, endet Kazantzakis' Roman. Alexander konnte die großen neuen Vorhaben wegen seines frühen Ablebens nicht mehr umsetzen. Am Ende der Lektüre stellt sich eine erstaunliche Erkenntnis ein: Kazantzakis'

Alexander hat sehr viele gemeinsame Züge mit Kazantzakis selbst. Es wird deutlich, warum den Schriftsteller die Gestalt des makedonischen Königs so fasziniert hat. Alexander war ein Mensch, der alle Grenzen überschreiten wollte und den Drang hatte, bis an die Grenzen der dem Menschen möglichen Erkenntnis vorzudringen. Ganz allein auf sich gestellt wollte er etwas Außergewöhnliches und Überragendes leisten.

Genauso hat Kazantzakis sich selbst gesehen und solch überragende Menschen hat er als tragende Figuren in seinen Werken immer wieder hervorgehoben: Der byzantinische Kaiser Nikephoros (über den Kazantzakis ein Theaterstück verfasst hat) befreite Kreta im Jahr 961 von den Sarazenen. Aber er hatte viele Feinde, und Verschwörer brachten ihn um. Seine letzten Worte an seine Mörder waren: „Ehre sei Gott!" Und deshalb heißt es über diesen Herrscher: „So nimmt er die Todesstöße hin und überschreitet die Grenzen des Schmerzes, der Hoffnung und der Angst und überwindet die Natur selbst."

In der Tragödie *Christoph Columbus* lässt der italienische Seefahrer in spanischen Diensten die Grenzen der bekannten Welt hinter sich, um in eine neue, unbekannte Welt vorzustoßen. „Er hisst die Segel, um die Grenzen zu überschreiten." Er will aufbrechen, um ans Ende der Welt zu gelangen, um bisher nicht Gesehenes zu entdecken. Wie Alexanders Soldaten machen Columbus' Seeleute auf dieser Reise ins Ungewisse furchtbare Strapazen durch – sie werden von Hunger und Hoffnungslosigkeit geplagt, sie meutern und rebellieren. Aber Columbus glaubt an seine Sendung, und er verachtet die Gefahren des Meeres. Ja, er fühlt sich als neuer Moses, der bisher unbetretenes Land erreichen will.

Auch im Roman *Freiheit oder Tod*, in dem Kazantzakis den Aufstand der Kreter gegen die türkische Besetzung beschreibt und in der Hauptfigur, dem Kapitan Michalis, seinem Vater ein Denkmal setzt, nimmt er das Motiv wieder auf. Den Protagonisten dieses Romans schreibt der Autor große Kraft und Energie zu, die menschliche Grenzen überschreiten und ihnen den Status von Halbgöttern verleihen. Kapitan Michalis wird als eine lebendige, unbezwingbare Burg beschrieben. Menschliches Maß gilt für ihn nicht. Er bewegt sich außerhalb der Grenzen des Lebens, handelt und bewegt sich jenseits des Todes und folgt nur den Gesetzen der eigenen Logik.

In seiner Selbstbiographie *Rechenschaft vor El Greco* legt Kazantzakis dem Großvater dieses genialen kretischen Malers die an seinen Enkel gerichteten Worte in den Mund: „Gelange soweit du kannst, mein Sohn!“ Was ja heißt: überschreite alle bekannten Grenzen! Und in diesem Buch bekennt Kazantzakis auch, wie tief ihn Kreta und seine Geschichte geprägt haben. Daraus habe er als Autor geschöpft, daraus habe sich sein Werk entwickelt: „Was ich sagte, war weder Wahrheit noch Lüge. Es überschritt die Grenzen der Logik und der Ethik, schwebte in einer leichteren, freieren Sphäre. Hätte mich jemand der Lüge geziehen, wären mir vor Schande die Tränen gekommen.“

Und in seinem Buch *Askese*, ein Werk, das sich mit letzten religiösen und philosophischen Fragen auseinandersetzt, stellt er einen Kanon von Pflichten auf, denen der Mensch folgen soll. Die dritte Pflicht ist die Verleugnung und Sprengung der Grenzen durch eine Bewegung des Herzens.

Auch Alexis Sorbas, sein berühmtester Held in dem gleichnamigen Roman, gehört in diese Reihe. Dieser einfache Gelegenheitsarbeiter, der ein Tausendsassa, liebenswerter Gauner und Schürzenjäger ist, kennt keine metaphysischen, ethischen und philosophischen Einschränkungen, fürchtet den Tod nicht und liebt das Leben über alles, das seine ursprüngliche, pulsierende und treibende Kraft ist. „Ein lebendiges Herz, eine unverdorbene große Seele, die sich noch nicht von ihrer Mutter, der Erde, abgenabelt hat“, schreibt Kazantzakis über ihn. Sorbas hat aber, um zu dieser Unschuld zu gelangen, auch alle bekannten Grenzen überschreiten müssen – vor allem die der Moral. Er bekennt, dass er im Krieg gebrandschatzt, vergewaltigt und gemordet hat. Aber er folgt ungebrochen dem in ihm vorhandenen Gesetz des Lebens und der Natur und kann sich so seine Reinheit bewahren: „Ich sagte nichts und verstand, dass Sorbas die Unschuld der Welt wiederherstellte“, schreibt Kazantzakis über ihn.

Es ist unschwer zu erraten, dass sich hier der überragende Einfluss des deutschen Philosophen Friedrich Nietzsche (1844 bis 1900) zeigt, dessen Werke Kazantzakis in seiner Studienzeit in Paris intensiv studiert und über den er seine Doktorarbeit geschrieben hat. Alle seine Helden kommen Nietzsches Ideal vom *Übermenschen* nahe – einem Menschentyp, der sich nie mit Ruhe, Stillstand und Glück zufriedengibt, sondern stets weiter strebt und drängt, um nie beim Erreichten stehenzubleiben. Dieser höhere Mensch handelt nicht im Auftrag einer transzendenten oder göttlichen Macht, sondern in voller Eigenverantwortung aus sich selbst heraus. Das Ziel selbst ist ohne Bedeutung, es liegt im Unendlichen, der Sinn des Ziels ist das Streben selbst. Der *Übermensch* lehnt alle morsch und dekadent gewordenen Werte ab, weil er zum ursprünglichen, unverfälschten Kern des Lebens zurückkehren will. Es ist sein Gesetz, das Leben grenzüberschreitend in seinem größtmöglichen Ausmaß auszuschöpfen und Freude und Schmerz dabei voll auszukosten. Nietzsche sieht das Ziel des *Übermenschen* gar nicht unbedingt in der äußeren Welt liegend, es liegt in ihm selbst, in seinem Inneren. Nur durch sein eigenes Bemühen kann der Mensch die höhere Stufe erreichen.

Am schönsten und klarsten gestaltet Kazantzakis diese Gedanken in seinem 33 333 Verse umfassenden Epos *Odissia* – seine Fortsetzung der homerischen *Odyssee.* Der Dichter lässt seine Odyssee da beginnen, wo Homers Werk endet. Odysseus kommt nach seiner langen abenteuerlichen Seefahrt von Troja zurück nach Ithaka, fühlt sich dort wie ein Fremder, findet keinen Kontakt mehr zu Frau und Sohn, das spießige und eintönige Leben in der Heimat stößt ihn ab. Er beschließt deshalb, die Insel wieder zu verlassen und erneut ins Unbekannte aufzubrechen – immer auf der Suche nach neuer Erkenntnis. Odysseus hat alle Tiefen des Daseins erlebt, er ist deswegen hoffnungs- und furchtlos, aber ohne Verwegenheit. Er lebt immer aufrecht am Rande des Abgrunds – er hat den *kretischen Blick*, wie Kazantzakis diese Eigenschaft nennt. Er meint damit die Unerschrockenheit der minoischen Stierspringer, die dem mächtigen gehörnten Bullen unter Gefährdung ihres Lebens gegenübertraten.

Odysseus bricht alle Brücken hinter sich ab, verzichtet auf die Sicherheiten eines behäbigen, bürgerlichen Daseins und entscheidet sich für ein Leben voller Risiken und in höchster Intensität. Vor allem will Kazantzakis' Odysseus seine eigene Begrenztheit überwinden, so wie Nietzsche es im *Zarathustra* gefordert hat: sich selbst zu überwinden und auf eine höhere Ebene aufzusteigen, sich stets selbst zu übertreffen – die Grenzen zu überschreiten, sich auf sich selbst zu besinnen, um dem Ideal des *Übermenschen*, das im Unendlichen liegt, näherzukommen.

Nach vielen Abenteuern bricht Odysseus zur letzten Station seiner Reise auf: zum menschenfeindlichen Südpol – ein Symbol für die letzte Grenze des Menschen, die es zu überwinden gilt. Hier tanzt er einen orgiastischen, dionysischen Tanz, der ihm übermenschliche magische Kräfte verleiht. Raum und Zeit werden für ihn zu einer Einheit. Er hat die letzte Hoffnung besiegt und die absolute Freiheit erlangt. Furchtlos tritt er dem Tod entgegen. Wenn er dionysisch ja sagt zum Leben, dann meint er, es ohne Vorbehalt so zu bejahen wie es ist – auch in seinen furchtbarsten Erscheinungen. Vergehen, Vernichten und Zerstören gehören untrennbar zum Zyklus und zur Einheit des Lebens – auch der Tod. Der Tod ist nur ein anderer Aggregatzustand des Lebens. Im ewigen Wechsel von Entstehen und Vergehen sind die Schranken zwischen Leben und Tod aufgehoben. Diesen Zustand hatte Odysseus erreicht und deshalb konnte er seinem Ende unerschrocken gegenübertreten – mit dem *kretischen Blick*.

Es ist keine Frage, dass Kazantzakis' Odysseus, der in vieler Hinsicht Züge von Zarathustra aufweist, die er auch auf Alexander übertragen hat, ein Abbild der geistigen Haltung des Schriftstellers ist, ein *alter ego* sozusagen. Eine höhere Stufe des Menschseins zu erreichen, im besten und humanen Sinn des Wortes – ein *Übermensch* zu werden, war das Ziel des großen Kreters. Dass er das für sich erreicht hat, belegt der Spruch, den er für den Grabstein seiner letzten Ruhestätte auf der Martinengo-Bastion auf der Stadtmauer von Heraklion formuliert hat: *Ich hoffe nichts, ich fürchte nichts, ich bin frei.*

Wir müssen noch einmal zu Alexander zurückkehren. Kazantzakis hat ihn sicherlich etwas zu idealisiert dargestellt. Aber die historischen Fakten in seinem Roman stimmen bis ins Detail. Dieser makedonische König beschäftigt noch immer die Wissenschaft, denn viele Rätsel um diese zweifellos außergewöhnliche Gestalt sind noch ungeklärt. Die jüngsten Forschungen haben aber ein realistischeres Bild als frühere Arbeiten ergeben, weil sich auch die dunklen Seiten seines Charakters und seiner Taten abzeichnen. Es ist richtig: Er besaß eine ungeheure Energie und Willenskraft. Er konnte rücksichtsvoll und pragmatisch sein, aber auch skrupellos, brutal und grausam. Seine Eroberungszüge, bei denen seine Truppen auch furchtbare

Massaker begingen, kosteten Hunderttausende Menschen das Leben. Selbst enge Freunde, die sich ihm in den Weg stellten, liquidierte er gnadenlos. Sein Bild in der Geschichte schwankt zwischen großzügigem Edelmenschen und mörderischem Konquistador, der durch Ströme von Blut watet. Er hatte in jungen Jahren ein ungestümes, manisches Temperament, strebte nach höchstem Ruhm und begann sich schon früh für göttlich zu halten.

Die Menschen in Asien, deren Länder er erobert hatte, hielten ihn für „brutal, hitzig, bar jeder Gerechtigkeit. Ganz Asien wird unter seinem Joch des Bösen leiden und seine blutgetränkte Erde wird noch mehr Blut zu trinken haben", heißt es in einem persischen Orakeltext. Er galt dort als ein Teufel. Der lange Aufenthalt im Orient hat Alexander dann vollends verändert: Er wurde ein orientalischer Despot, der sich für einen Gott hielt und entsprechende Verehrung verlangte. Größenwahn und manisch-depressive Züge zeigten sich immer stärker und wurden durch seine Alkohol-Exzesse noch gesteigert. Die Macht hatte seine unsichere Persönlichkeit nicht beruhigt, sondern seine Labilität noch gesteigert, wogegen er wieder mit Alkohol anging – ein Teufelskreis ohne Ende.

Kazantzakis hat ihn bei aller Idealisierung dennoch richtig gesehen: Alexander war ein Mensch, der davon besessen war, ständig ins Unbekannte aufbrechen, alle Grenzen überschreiten, ja sie sprengen zu müssen, um ans Ende der Welt zu kommen und zu neuen Erkenntnissen und sicher auch zu neuer Macht zu gelangen. Deshalb war sein Feldzug – trotz aller Grausamkeiten – ein Wendepunkt in der Geschichte der Menschheit. Seine militärischen Abenteuer führten zu engen Kontakten und geistiger Befruchtung zwischen den Kulturen des Westens und des Ostens. Dadurch wurden ungeheure Energien freigesetzt für die Vermittlung der verschiedenen Kulturkreise. Die Folgen für unsere Denk- und Sichtweise sind noch heute zu spüren.

Siebtes Kapitel

Eine lange Tramptour nach Matala, und wie ich dort unfreiwillig das Hippie-Festival begründete

Die Geschichte, die ich hier erzählen will, begann im Februar oder März 1967 in einer Bonner Kneipe. Ich studierte in diesem beschaulichen Städtchen, das damals noch deutsche Hauptstadt war. In bierseliger Laune beschlossen mein Freund Jorge und ich, Ende März nach Griechenland aufzubrechen. Das war ein lang gehegter Traum von mir. Ich hatte auf dem Gymnasium Alt-Griechisch gelernt und Werke der wunderbaren antiken Literatur im Original gelesen, was mich den Griechen, ihren Landschaften und ihren Inseln sehr nahebrachte. Ich wollte die Akropolis in Athen, Delphi, Olympia und Epidaurus sehen. Angeregt hatte mich auch Henry Millers wunderbares Griechenland-Buch *Der Koloss von Maroussi.* Dieser Amerikaner hatte die modernen Griechen und ihre uralte Kultur verstanden, so sah ich das damals. Es war keine Frage: Ich musste nach Hellas aufbrechen, um dieses herrliche Land kennen zu lernen.

Damals kursierten unter Studenten (aber auch in den Medien) die tollsten Geschichten über das kleine kretische Dorf Matala, das die Hippies in Besitz genommen hatten. In der traumhaft schönen Bucht, deren ins Meer abfallende Felsen zur Nordwestseite hin mit Höhlen wie ein Schweizer Käse durchlöchert waren, fand – so hörte man – das ausgelassene und psychedelische Blumenkinderleben statt: mit *flower power,* freier Liebe, Meditation, exotischer Musik und wilden Partys am Meer. Da mussten wir hin.

Es war die Zeit eines ungestümen Aufbruchs, die Werte der Nachkriegszeit hatten ihre Gültigkeit verloren, überall lagen Jugend, Hoffnung und eine herrliche Zukunft in der Luft. Das Jahr 1968 stand bevor. Alle redeten von der neuen, besseren Gesellschaft, die man schaffen wolle, und alle waren auf der Suche nach dem wahren Selbst – und wo konnte man es besser finden als in Matala – dieser kleinen gelebten Utopie am Libyschen Meer? Natürlich hatten wir neben Werken von Karl Marx auch Hermann Hesses *Siddhartha* gelesen. Bob Dylan, Bob Marley, Jannis Joplin und Joan Baez lieferten den musikalischen Protesthintergrund zu diesen utopisch-romantischen Träumen von unbegrenzter Freiheit, Sozialismus und mit der Welt im Einklang sein.

Ende März standen Jorge und ich an der Autobahn. Jorge war Bolivianer, der Sohn sehr reicher Eltern. Er hatte versucht in Deutschland zu studieren, was ihm aber nicht gelungen ist. Deshalb war er so etwas wie ein Edel-Freak mit monatlich dickem Scheck aus der Heimat geworden. Es war bitterkalt, und Schnee wechselte ab mit Regen. Aber das einmalige griechische Licht vor Augen, von dem ich so viel gelesen hatte, ließ uns das ertragen. Wir kamen gut voran auf unserer Tramptour und begegneten interessanten aber auch komischen Typen. In Linz (Österreich) nahm uns ein lustiger Apotheker auf, lud uns zum Essen ein, erzählte deftige Anekdoten und gab einen Schnaps nach dem anderen aus. In Wien gefiel es uns so gut, dass wir eine ganze Woche blieben. Ich lernte eine schöne Amerikanerin kennen, die wunderbar Gitarre spielte und mit ihrer fraulich-weichen Altstimme dazu sang – am schönsten *The house of the rising sun*. Wäre ich länger geblieben, ich hätte mich vermutlich in sie verliebt. Als wir an einer Kaimauer saßen, sie spielte und wir sangen, kamen zwei ältere Damen vorbei, und die eine sagte, zu uns blickend, in schönstem Wienerisch zu ihrer Begleiterin: „Ja, schau, wenn die Sonne herauskommt und es wärmer wird, san's auch gleich die Gammler wieder da." Ich fand das sehr lustig und habe es der alten Dame nicht übel genommen, dass sie uns so betitelte.

In Spielfeld, an der österreichisch-jugoslawischen Grenze, standen Jorge und ich im Schneesturm, und kein einziger Autofahrer wollte sich unser erbarmen. Da kam ein Zollbeamter zu uns und sagte: „Setzt euch in das warme Häuschen da. Ich muss hier alle Autos kontrollieren. Ich werde schon eins finden, das euch mitnimmt nach Griechenland." Und er fand wirklich schnell eins. Zwei junge Deutsche mit einem VW-Bully nahmen uns auf. Sie stammten aus Paraguay und waren auf dem Weg nach Israel. War da eine Nazi-Geschichte im Spiel und wollten sie Wiedergutmachung leisten? Sie sprachen nicht darüber, aber ich hatte so das Gefühl.

Wir sahen mit ihnen die herrliche dalmatinische Küste, bestaunten die Schönheiten Dubrovniks und erlebten das finstere und sehr rückständig-orientalische Flair des Kosovo. Die griechische Stadt Thessaloniki erstrahlte dagegen im hellsten Licht, der Markt bot noch am Abend die herrlichsten Früchte und Gemüsesorten an. Freundlich gaben uns die Verkäufer von allem zu probieren. Wir wohnten in einem Haus an einer belebten Straße. Ein holländischer Hippie – ein großer schlanker Kerl mit langen Haaren und einer scharf geschnittenen Nase – spielte auf dem Balkon wunderschön Flöte, ließ dabei an einem Bindfaden eine Büchse auf den Bürgersteig herunter und die Passanten belohnten sein Spiel großzügig mit Münzen und Scheinen. Jedes Mal, wenn das der Fall war, zog er die Büchse hoch, leerte sie und freute sich riesig.

Am nächsten Tag standen wir an der Autobahn nach Athen und wunderten uns, dass kaum ein Auto vorbeikam. Dann hielt ein großer schwarzer Mercedes (ein seltenes Tramperglück!), und ein freundlicher Grieche lud uns zur Mitfahrt ein. Der Mann sprach gut Deutsch, hatte in Köln im Arbeitsamt in einer hohen Position gearbeitet. Er klärte uns auf, warum es an jenem Tag kaum Verkehr gab: Es war Nationalfeiertag! Und der wird in Städten und Dörfern mit Feiern, Aufmärschen und Prozessionen begangen. Der Mann war politisch unterwegs. Es war Wahlkampf in Griechenland. Seit dem Ende des Bürgerkrieges wurde das Land von den Konservativen und dem reaktionären Königshaus regiert.

Nun hatte ein Linker (wohl eher ein Linksliberaler, der aber im Verdacht stand, ein Kommunist zu sein), die Chance, die Regierung zu übernehmen: der alte Georgios Papandreou, der in weiten Kreisen des Landes äußerst beliebt und schon zweimal für kurze Zeit Ministerpräsident war. Sein Programm war bestenfalls linksbürgerlich: Ankurbelung der Wirtschaft, eine gerechtere Verteilung der Einkommen, Bildungsreform, Demokratisierung des Landes, Zulassung unabhängiger Gewerkschaften und die Entlassung der politischen Gefangenen.

Unser freundlicher Fahrer kandidierte für Papandreous Partei, die Zentrumsunion, und war auf dem Weg zu einer Wahlveranstaltung. Er erklärte uns, wie man damals auf dem Land Wahlen gewann: Es wurden blaue Wahlscheine (für die Konservativen) und rote (für die

Linken) ausgegeben, die man an den Urnen ausfüllen und abgeben musste. Der Einfachheit halber gab es auf dem Land gar keine roten Scheine, und so sicherte sich Blau immer die große Mehrheit. Es sei hier noch das Ende der Geschichte angefügt: Zu der Wahl kam es nicht mehr: Am 21. April 1967 putschten in Athen die Offiziere und errichteten eine Militärdiktatur. Georgios Papandreou wurde unter Hausarrest gestellt und starb 1968. Was wohl aus unserem freundlichen Kandidaten und Mercedesfahrer geworden ist?

Er setzte uns am Rand der Stadt Larissa ab – am Fuße des Olymp. Wir schlenderten durch die Vorstadt. An einer Gartenpforte stand eine Frau und fragte uns: „Sind Sie aus Deutschland?" Wir bejahten. „Ach, kommen Sie doch herein!" bat sie uns freudig. Wir waren unschlüssig, ob wir die spontane Einladung annehmen sollten, folgten ihr dann aber doch ins Haus. Sie stellte uns ihrem Mann vor, der uns ebenso herzlich begrüßte. Wir mussten am Tisch Platz nehmen, und dann fuhr die Frau auf, was ihr Haushalt hergab: Brot, Käse, Tsatsiki, Oliven, Kaffee, Süßigkeiten und Obst und zu guter Letzt noch reichlich Ouzo. Wir waren überwältigt von so viel Gastfreundschaft. Die Frau erzählte, sie habe in Hamburg in einer Fischfabrik gearbeitet, sie und ihre Kolleginnen seien dort aber nicht gut behandelt worden: sehr harte Arbeit, unbezahlte Überstunden und schlechter Lohn. Aber sie liebte Deutschland dennoch über alles. Ihr Mann war Bauarbeiter. Diese beiden Menschen hatten vermutlich nur ein sehr bescheidenes Einkommen und beschämten uns mit ihrer Zuwendung und Freundlichkeit.

Es war ein herrlicher Sonnentag. Die vielen Ouzos hatten uns heiter gestimmt, aber auch etwas benebelt. Auf dem Weg zur Autobahn legten wir uns am Rand eines Kornfeldes auf eine Wiese und hatten einen herrlichen und tiefen Schlaf. Als wir aufwachten, war es schon fast dunkel, und wir marschierten weiter Richtung Autobahn. Es war inzwischen zehn oder elf Uhr abends geworden. Aus Larissa ergoss sich ein nicht enden wollender Strom von Autos. Wie wir später erfuhren, hatte Georgios Papandreou dort eine Wahlkampfrede gehalten. Die Wagen fuhren so dicht in engen Kolonnen an uns vorbei, dass sich niemand unser erbarmte. Was mich aber keineswegs störte – wir waren in Thessalien, allein das Wort weckte zauberhafte und lyrische Assoziationen in mir. Über uns ein gewaltiger Sternenhimmel. Was machte es da schon, wenn kein Wagen anhielt? Ich hätte in dieser Nacht bis nach Athen weiter laufen können.

Als der Autostrom etwas abebbte, stoppte dann doch ein Wagen. Als sich die Tür öffnete, schallte uns laute Musik von Mikis Theodorakis entgegen. Drei junge Griechen – alle so um die Dreißig – begrüßten uns mit lautem Hallo! Wir saßen kaum im Auto, da schmetterten sie die Lieder von Theodorakis mit und boten uns Zigaretten an und etwas zu trinken. An einer Raststätte hielten sie an und wollten etwas essen. Wir erklärten ihnen, dass wir draußen auf sie warten wollten, bis sie zurückkämen. *„Ochi, Ochi!"* (Nein! Nein!) schallte es im Chor. Das verstoße gegen alle Gesetze griechischer Gastfreundschaft! Wir mussten mitkommen, und sie tischten die herrlichsten Sachen auf.

Dann ging die Fahrt weiter. In Lamia (etwa 100 Kilometer von Athen entfernt) waren sie zu Hause. Wir verabschiedeten uns und dankten für die freundliche Gastfreundschaft. Es war inzwischen Mitternacht geworden. Wir liefen durch die dunkle und menschenleere Stadt und stellten uns am Ortsausgang auf, um noch ein Auto nach Athen zu bekommen. Wir warteten noch nicht lange, als der Wagen der jungen Griechen wieder vor uns stoppte. Sie könnten uns hier mitten in der Nacht nicht stehen lassen, erklärten sie. Sie hätten deshalb beschlossen, uns nach Athen zu bringen. Wir wollten das nicht annehmen, aber wir hatten keine Chance uns zu wehren. Das sei auch ein Verstoß gegen die griechische Gastfreundschaft, erklärten sie. Und schon brausten wir – Theodorakis-Lieder begleiteten uns – in Richtung Athen.

Ich bin noch nie in dieser Riesenstadt gewesen und kannte mich also auch nicht aus. Wir baten unsere neuen Freunde deshalb, uns in der City zu einem nicht ganz so teuren Hotel zu bringen. Sie setzten uns in dem Marktviertel vor einer kleinen Herberge ab. Die Straße hieß – ich weiß es noch wie heute – *Odos Sokratis*. Wir dankten unseren Wohltätern überschwänglich und verabschiedeten uns. Wir waren zu müde, um uns in dem Empfangsraum des Hotels näher umzublicken, besorgten uns an der Rezeption ein Zimmer und gingen sofort schlafen.

Am nächsten Morgen schaute ich mich im Empfangsraum um. Überall in dem plüschigen Salon, der sehr heruntergekommen wirkte, saßen auf den Sesseln und Sofas leicht bekleidete Damen, die sich gleich auf mich stürzten und mir ihre Dienste anboten. Unsere Freunde hatten uns einen Streich gespielt und uns vor einem Hotel mit Bordellbetrieb abgesetzt! Einen der jungen Griechen – ein Hüne mit einem Vollbart – habe ich am nächsten Tag in einem Straßencafé in der Innenstadt wieder getroffen. Ich kam gar nicht dazu, meine Beschwerde über den Scherz loszuwerden – als er mich sah, brach er in homerisches Gelächter aus, hörte gar nicht auf damit. Und so fiel ich mit ein, stand neben ihm und wir lachten, bis uns die Tränen über die Wangen rollten.

Ich sammelte erste Eindrücke von Griechenlands Zauber, sah die Akropolis, deren baulich harmonisches Wunder ich aber erst Jahre später verstand, sah Mykene, Epidaurus und Delphi, das mein Lieblingsort wurde, weil dort der griechischste aller Götter residierte: Apoll. Aber nicht davon will ich berichten, sondern von dem Weg, der mich nach Matala führte. Ich hatte inzwischen das Hotel gewechselt (diesmal ohne Damen) und war nicht wenig erstaunt, als dort plötzlich mein Freund Peter aus Bonn mit Rucksack und Gitarre vor der Tür stand und mich freudig begrüßte. Auch ihn hatte die große Sehnsucht nach Hellas gepackt, und er war mir nachgereist.

Peter war ein Unikum, hatte immer flotte linke Sprüche parat, doch hinter seiner Lockerheit verbarg sich eine tiefe Tragik. Er litt schwer unter einer streng katholischen Erziehung und seiner Herkunft aus einem kleinbürgerlich-spießigen Milieu. Um sich von diesen Fesseln zu befreien und Klarheit zu gewinnen, studierte er Religionswissenschaft, experimentierte aber ständig mit Drogen, um sein Bewusstsein zu erweitern. In Athen präsentierte er mir *Romilar*, ein schleimlösendes Hustenmittel. Bei Einnahme von 15 oder 20 Tabletten hat es halluzinogene Wirkung. Peter sprach von surrealen und völlig irren Vorstellungen, die sich einstellten: „Alles total Dada!" Die Zeit bleibt stehen, und alles was sich bewegt kommt nur in abgehackten Unterbrechungen voran.

Pharmakologen sprechen von Verfälschung der visuellen Perzeption, Dissoziationsgefühlen, Verzerrung in der körperlichen Wahrnehmung, Erregung und auch vom Verlust des Zeitgefühls. Peter setzte sich dann, um diesen Zustand voll zu genießen, an den Straßenrand oder an Bahnstrecken und war berauscht davon, wie sich der Strom der Bewegungen in zeitliche Brüche oder totalen Stillstand zerlegen ließ. Das Mittel hatte auch sehr unangenehme Auswirkungen – es förderte offenbar Verfolgungswahn. Peter redete dann in seinem High-Sein wirres Zeug und erklärte mir, wer alles hinter ihm her sei und ihn bedrohe. Mir war das eine Warnung; ich habe *Romilar* nie genommen.

Meinen Freund Jorge, der Bolivianer, mit dem ich nach Athen getrampt war, hatte ich aus den Augen verloren. Wie ich später erfuhr, hatte er sich einer Hippie-Kommune angeschlossen, die ein reicher, aber völlig durchgeknallter älterer Athener finanzierte. Er hatte seinen Blumen-Kinder-Freunden und -Freundinnen eine große Villa zur Verfügung gestellt, wo es wohl auch völlig dada zuging. Jorge wurde beim Militärputsch Ende April festgenommen und ins Athener Stadion verschleppt, wo er einige Wochen verbringen musste. Als erstes schnitt man ihm die langen Haare ab.

Peter und ich beschlossen, das Schiff nach Kreta zu nehmen. Da unsere Reisekasse ziemlich leer war, suchten wir in Athen ein Krankenhaus auf und spendeten Blut. Das war für viele *Freaks* ein üblicher Weg, an Geld zu kommen. Ziemlich abgetakelte Typen trafen wir dort, die Arme voller Einstiche von ihren Drogentrips. Ich hätte in diesem Hospital, das eigentlich einen guten und sauberen Eindruck machte, nicht gern eine Transfusion bekommen.

Im Hafen von Piräus deckten wir uns mit allem ein, was man für ein einfaches abendliches Mahl auf dem Schiff braucht: Weißbrot mit Sesam, Käse, Tomaten, Oliven und Wein. Wir suchten uns einen Platz an Deck, wo wir die Nacht in unseren Schlafsäcken verbringen wollten. Dort ging es bunt zu. Neben uns hatte sich ein ganzer Sinti-Roma-Clan auf Decken und Kissen niedergelassen. Die Kinder betrachteten uns und die vielen Rucksacktouristen schüchtern und zugleich neugierig, die älteren nickten uns freundlich zu. Auf einer Bank saß ein Pope, offenbar ein höher gestellter Geistlicher, denn die Griechen küssten ihm im Vorbeigehen ergeben den Ring an seiner Hand, die er ihnen gnädig aber nicht sehr zugewandt hinhielt. Außerdem hatte ein ganzer Trupp griechischer Soldaten das Deck belegt. Sie fuhren wohl zu ihrer Einheit auf Kreta.

Als wir das offene Meer erreichen, die Dunkelheit hereinbrach und die ersten Sterne funkelten, genossen wir unsere köstlichen

Schätze und sprachen auch ordentlich dem Wein zu. Die Stimmung war großartig. Peter griff zu seiner Gitarre, die er meisterlich beherrschte und sang dazu ein paar Dylan-Songs aber auch ein paar griechische Lieder, die er extra für diese Reise einstudiert hatte. Als er das damals populäre, sehr poetische Lied *Ximeroni* sang, waren wir der Mittelpunkt auf dem Schiffdeck. Der Text lautet in deutscher Übersetzung: Es dämmert/ Die Wolke brachte Regen/ Und wir sind allein gelassen/ Der Regen wurde Hagel/ Aber was macht das schon?/ Was haben die Armen zu fürchten?/ Heimatlicher Himmel, wo immer du auch stehst/ Seine Satteltasche über der Schulter/ Für die Straße, für die Straße/ Lasst uns Segel ausbreiten/ Der Sonne und des Vergessens/ Das Leben trocknet Tränen/ Es dämmert, es dämmert/ Das Leben trocknet Tränen/ Es dämmert, es dämmert.

Es wurde begeistert geklatscht. Bravo-Rufe erklangen von allen Seiten. Peter musste eine Zugabe nach der anderen geben, und so spielte er bis weit nach Mitternacht. Wir mussten dauernd mit Soldaten, griechischen Zivilisten und Rucksacktouristen anstoßen – das *Jammas! Jammas!* nahm kein Ende. Dass Peter nach diesem grandiosen Auftritt auf einen *Romilar*-Trip ging und er mir mit glasigen Augen erzählte, wer ihn jetzt gerade verfolge, war das unschöne Ende dieses so berauschenden Abends.

Frühmorgens kamen wir in Chania an, tranken in einem Kafenion am Hafen, das voll von Fischer war, einen heißen Kaffee, um uns aufzuwärmen, denn die Aprilnächte waren noch ziemlich kalt. Wir verschafften uns einen ersten Eindruck von dieser wunderschönen Stadt, die von so vielen Kulturen geprägt ist. Dann standen wir wieder an der Straße, das Ziel Matala fest im Auge. Aber es ging nur langsam und schleppend voran, was uns aber nicht bedrückte. Alles war neu und fantastisch hier: die steinig-trockenen Hügel mit den Olivenbäumen und riesigen Agaven, in der Ferne die mächtigen und majestätisch daliegenden Weißen Berge.

Mitten in dieser fremdartigen Wunderlandschaft wurden wir Zeugen einer archaischen Szene. Auf einem Hügel vor uns hütete ein hübsches junges Mädchen eine Ziegenherde. Peter winkte ihr zu, sie lachte. Dann griff Peter zur Gitarre und spielte ein paar griechische Lieder für sie. Sie stand verzaubert da und lauschte. Peter winkte ihr zu, sie solle zu uns kommen. Sie hätte das wohl auch gern getan, aber sie zeigte auf ein Feld in der Nähe, wo ein älterer Mann mit Gaul und Pflug die Furchen zog. Wir verstanden: Das war der Vater – die strenge, patriarchalische Sitte verbot ein näheres Kennenlernen.

Dann hielt ein motorisierter Dreiradkarren an, wie sie damals auf Kreta üblich waren. Das kleine Gefährt war mit Säcken voll beladen. Dennoch forderte der Bauer, der am Steuer saß, uns mit einer Handbewegung zum Aufsitzen auf. So nahmen wir oben auf den Säcken Platz und hielten uns am Gestänge fest. Mit Knattern fuhren wir über die Berge – überaus glücklich in dem berauschenden Gefühl, auf Kreta zu sein, auf dieser herrlichen Insel.

Es war inzwischen dunkel geworden. Ich weiß gar nicht, ob unser Gefährt überhaupt Licht hatte. Vermutlich nicht. Aber das spielte keine Rolle, denn wir hatten den hell erleuchteten Platz eines Dorfes erreicht. Vor einer Taverne hielt unser Fahrer seinen Karren an. Wir stiegen ab, und sofort hörte man von überall her den Ruf *Xenoi! Xenoi!* (Fremde! Fremde!). Wir wurden bestaunt, als kämen wir von einem anderen Planeten. Der Tavernenwirt kam aus seinem Lokal mit einer Ouzo-Flasche und Gläsern angelaufen und rief: „*Kalosorises!*“ (Willkommen!) Ich habe mich nie in meinem Leben so herzlich begrüßt gefühlt.

In dem Dorf gab es auch eine bescheidene Herberge. Wir bezogen ein Zimmer. In der Bettwäsche hatten wohl schon andere Gäste übernachtet; sie wirkte nicht sehr frisch und sauber. Wir legten unsere Schlafsäcke drüber und verbrachten die erste Nacht auf Kreta in herrlichem und tiefem Schlaf. Als wir am nächsten Morgen in der Taverne das Frühstück einnahmen, kam der Dorfpope vorbei, setzte sich zu uns und wollte wissen, wer wir seien und woher wir kämen. Als er Deutschland hörte, rief er lachend aus: „*Germania kala!*“ (Deutschland ist gut!). Dieser Mann war wohl eine Frohnatur, denn er lachte immer.

Ob er uns etwas zeigen dürfe, fragte er. Natürlich stimmten wir zu. Er führte uns vor das Dorf. Auf einem Hügel, der einen fantastischen Blick über die sanften Steigungen vor den gewaltigen Weißen Bergen bis zum Meer und den Umrissen Chanias bot, zeigte der Pope auf eine Vertiefung im Boden: Das sei im Krieg der Unterstand des deutschen Generals gewesen, sagte er und lachte. Ich wusste, was die Kreter im Krieg unter den Deutschen zu leiden hatten, und mir war gar nicht zum Lachen zumute. Aber das Lachen des Popen bedeutete ja auch, dass er uns nicht die Schuld zuschob für die Verbrechen der Väter.

Am diesem Tag kamen wir zügig voran. Am Abend nahm uns ein älterer Mann bis nach Pitsidia mit, das letzte Dorf vor Matala. Er wies uns den Weg, den wir hinter dem Dorf nehmen sollten. Er führte durch einen dichten Agavenwald, den wir in der Dunkelheit dank eines fantastischen Sternenhimmels schemenhaft wahrnahmen. Wir kamen dann vor den Häusern von Matala auf eine große Fläche, die heute mit Hotels bebaut ist. Irgendwo musste Sumpf oder ein Teich sein, denn Hunderte, wenn nicht Tausende Frösche gaben dort ein ohrenbetäubendes Quak-Konzert.

Matala zur damaligen Zeit konnte man nicht einmal ein Dorf nennen. Es war eine zwischen zwei Felswänden gelegene kleine Ansammlung von ein paar einfachen Häusern, in denen eher ärmliche Fischer und Bauern lebten. Es gab noch keine Straße zum Ort wie heute, sondern nur eine staubige Schotterpiste. Wir waren auf dem Feldweg gekommen, der im Südosten verläuft. Er sieht heute noch so aus wie damals. Düster lagen die wenigen Häuser vor uns, denn Elektrizität gab es noch nicht. Das erste Haus, das wir erreichten, war spärlich mit Kerzen und Petroleumlampen beleuchtet. Es war eine kleine Taverne, deren Raum zugleich Gastzimmer und Familiendomizil war. In einer Ecke schlief friedlich in seinem Bettchen ein Baby. Ein paar Gäste saßen draußen bei Wein und *Meses*.

Der Wirt wusste, was wir suchten und wies uns den Weg zum Strand. „Da ist am großen Feuer eine Party. Da findet ihr Anschluss!“ So war es auch. Um ein loderndes Holzfeuer hatte sich die Hippie-Gemeinde versammelt. Man hatte wohl zusammen gekocht und gegessen. Der Wein hatte alle berauscht, einige rauchten ein Hasch-Pfeifchen. Es wurde gesungen, gelacht, einige sprangen fröhlich ins Wasser, und wir wurden mit großem Hallo! begrüßt. Wir ließen uns am Feuer nieder und waren gleich mitten drin in der wunderbaren Matala-*Community*. In tiefer Nacht boten sich dann zwei kanadische Hippies an, uns eine leere Höhle zu zeigen. Wir machten – ohne Taschenlampe – eine halsbrecherische Kletterpartie den Felsen hoch. Unsere Herberge war sehr niedrig, wir konnten nicht darin stehen. Rechts hinter dem Eingang erstreckte sich ein in den Stein gehauener Sarkophag, in den sich Peter genüsslich bettete. Ich breitete meinen Schlafsack auf dem Boden aus. Bequem und komfortabel waren die Nächte in der Höhle nicht – und doch waren wir voller Glück, an diesem fantastischen Ort zu sein.

Am nächsten Morgen – strahlender Sonnenschein lag über dem Ort und sandte sein gleißendes Licht bis in unsere Höhle – schauten plötzlich zwei neugierige Gesichter durch den Eingang. Es waren unsere Nachbarn, die wissen wollten, wer da in der Nacht angekommen war. Wir stellten uns vor und verabredeten uns zu einem gemeinsamen Frühstück. Es waren Georg und Shlomo, zwei Bohemiens aus der Wiener Künstlerszene. Georg hieß mit Nachnamen Danzer und machte später als Liedermacher und Sänger eine große Karriere. Auch einen Song über Matala hat er geschrieben und vertont. Uns verband in Matala eine enge Freundschaft.

Ich habe in mehreren Texten und Büchern meine Tage in Matala beschrieben und will mich deshalb hier nicht wiederholen. Ich will nach vielen Jahren nur eine kleine Bilanz meiner Zeit unter Hippies dort ziehen: Der Ort war ein Kult- und Pilgerort für rebellische, zivilisationsmüde Träumer, ausgeflippte Utopisten und suchende Visionäre. Matala stand für die völlig irreale mythische Idee, dass man hier zwischen Felsen, Höhlen, Sandstrand und Meer, unter einfachen, noch ursprünglich gebliebenen Menschen und in kleinen Tavernen unter der ewig strahlenden Sonne das verlorene Paradies wieder finden, also die Last von entfremdetem Ich, Bewusstsein und Zivilisation abschütteln und mit Bergen, Bäumen, Tieren und Wasser eins werden könnte. Meditation, Musik, Drogen, Ekstase und Sex sollten die Brücken sein, die Existenzangst zu überwinden und den mystischen Zustand der Einheit mit allem was ist zu erreichen

Die Tage in Matala waren ein einziges rauschhaftes, psychedelisches Fest. Abends am Feuer, wenn die Weinflaschen und die Haschpfeifen die Runde machten, das Gitarrenspiel und der Gesang anhob, entstand ein Gemeinschaftsgefühl, wie ich es nie wieder erlebt habe. In Matala war immer so etwas wie Woodstock-Stimmung, wie es ein Teilnehmer an dem Festival nahe der Kleinstadt Bethel im Bundesstaat New York beschrieben hat: „Niemand hatte in diesem Land und in diesem Jahrhundert je eine Gesellschaft gesehen, die freier war von Unterdrückung. Jeder schwamm nackt im See, und Sex zu haben war leichter als ein Frühstück zu bekommen."

Aber zwischen all dem trunkenen Rausch und dionysischem Gelächter standen Fragen im Raum, die jeden tief beschäftigten und irgendwie mit dem Grund unseres Hierseins zu tun hatten: Warum ist es so schwer, die Sehnsucht nach einem neuen, einem eigenen Sein ausleben zu dürfen? Könnte man sich nicht einen Wandel der Gesellschaft in diesem Sinne vorstellen? Und wäre dieser Wandel nicht denkbar, wenn jeder, der hier am Feuer sitzt und noch Hunderttausende, ja Millionen überall in der Welt dazu, die genauso dachten und empfanden, sein Verhalten ändern würden – träte dann nicht auch eine Änderung der Wirklichkeit ein? Mit anderen Worten: Könnte nicht durch die Vereinigung unserer Ideale eine ganz neue, bessere Welt entstehen? Und Peter griff, als wir am Feuer saßen, zur Gitarre und stimmte Bob Dylans Lied *The times they are a-changing* an …

Matala war ein Signal, wenn auch ein eher rührendes und naives. Heute, mit dem Abstand von Jahrzehnten, mag man über solche Ideen und Gedanken lächeln, aber sie spiegeln sehr genau das Gefühl und die Sehnsucht wider, die die jungen Leute damals veranlassten, in den Höhlen von Matala zu leben oder nach Indien, Nepal oder Afghanistan aufzubrechen – auf der Suche nach der *blauen Blume*, die sie vermutlich nie gefunden haben. Aber die Erfahrung, dort gewesen zu sein, hat alle geprägt – Matala wurde Teil ihrer Seele und wird sie bis zum letzten Atemzug begleiten.

Ich habe das Einmalige und Besondere des Matala-Erlebnisses erst nach Jahrzehnten richtig verstanden. Es kam da in meinen Gedanken vieles zusammen: das Älterwerden, verbunden mit einer nostalgischen Sehnsucht nach der unwiederbringlich verlorenen Jugendzeit, für die Matala der schönste und intensivste Ausdruck gewesen war. Das Faszinosum einer unbändigen Freiheit und das einfache Leben dort: in einer Höhle zu wohnen; nur Brot, Käse, Oliven und Wein zum Essen zu haben, mehr brauchte man nicht; das direkte Du mit den Menschen ringsum, ohne die Schranken der Konvention, die die Zivilisation zwischen den Menschen aufgebaut hat – und die Gastfreundschaft und Herzlichkeit der Kreter im Ort, die gut mit diesen Paradiesvögeln aus aller Welt auskamen. Das alles in einer grandiosen Natur, in dieser von Felsen umgebenen Bucht direkt am Meer, mit dem Blick auf die Gipfel des Ida-Gebirges und den gewaltigen Himmel darüber.

Ich bin oft nach Matala zurückgekehrt und habe natürlich auch die unschönen Veränderungen gesehen, die das Dorf erfahren hat. Vielleicht begann ich deshalb damit, den Ort und meine Zeit dort etwas zu verklären. Ich habe auch die Erlebnisse und Erfahrungen zusammen getragen, die andere dort gemacht haben und gewann immer mehr die Gewissheit: Matala ist heute ein beliebter Touristenort, aber mit seiner Vergangenheit ist es auch zum Mythos geworden. Ich fing 2010 an, an einem Buch mit diesem Thema zu arbeiten, das im Frühjahr des folgenden Jahres erscheinen sollte (Arn Strohmeyer: Mythos Matala. Ein Fotoband aus den 60ern und 70ern. Mähringen 2011). Im Herbst 2010 saßen wir im Kafenion neben dem Buchladen mit Voula zusammen, der Besitzerin, und ich erzählte ihr von meinem neuen Buchprojekt. Sie war sehr angetan und freute sich darauf.

In diesem Augenblick kam mir eine Idee: Wie wäre es, im nächsten Sommer in Matala ein Treffen der alten Hippie-Gemeinde zu veranstalten? Wir würden ein fröhliches Wiedersehensfest feiern, ich würde mein neues Buch vorstellen, und abends gäbe es – wie in alten Zeiten – eine rauschende Party am Strand. Mit dem Kommen von vielleicht zwei- bis dreihundert alten Hippies hatte ich gerechnet. Voula war begeistert von der Idee, und so gingen wir an die Vorbereitung.

Zurück in Deutschland, gestaltete ein befreundeter Grafiker ein wunderschönes Flower-Power-Plakat, auf dem alles Wissenswertes stand. Als Zeitpunkt hatten wir die Pfingsttage 2011 angesetzt. Dieses Poster setzten wir ins Internet. Die Reaktion war überwältigend. Hunderte schrieben mir E-Mails oder riefen mich an: Wir kommen! Die Zeitungen wurden neugierig und brachten erste Artikel. Die Nachricht war natürlich bald auch in der für Matala zuständigen Verwaltung in Mires angekommen. Die Bürgermeisterin Maria Petrogeorgis meldete sich bei mir und lud mich zu einem Gespräch ein. Ich flog nach Kreta. Maria hatte Interesse, das ganze Projekt zu übernehmen. Da sie ganz andere Möglichkeiten der Realisierung hatte, stimmte ich zu.

So kam Pfingsten 2011 das erste Matala-Festival zustande. Es wurde ein nostalgisches Nach-Woodstock-Ereignis. Viele alte Hippies oder Traveller, die einst in den Höhlen wohnten, waren gekommen – selbst aus Amerika und Australien. Vor den Höhlen stand die Bühne, die ein halbrundes Gestänge überragte. Auch sie im wechselnden, fackelnden Licht. Bis tief in die Nacht hinein spielten täglich bis zu zehn Bands. Tausende drängten sich beschwingt hörend oder tanzend vor der Musik. Der ganze Ort stand im Zeichen dieses Ereignisses: an der Zufahrt zum Ort gab es einen Hippie-Bazar, die Straßen waren psychedelisch bunt bemalt, an jeder Straßenecke spielten Musikanten auf und Sänger boten ihre *songs* dar, bunt bemalte Autos in Hippie-Farben waren von überallher gekommen, junge Leute trugen bunte Blüten im Haar.

Für meine Buchvorstellung hatte Maria eine Ballustrade mit Sitzreihen aufbauen lassen. Wir – alte Hippies und Offizielle – saßen an einem Tisch, als ich las. Eine Internetseite schrieb, es sei wohl eine der „größten Buchvorstellungen der Welt" gewesen, weil Hunderte gekommen waren. Alle griechischen Rundfunk- und Fernsehsender und die Zeitungen berichteten über das Ereignis, Maria Koufopoulos vom Ersten Griechischen Fernsehprogramm (ERT) drehte den wundervollen Dokumentarfilm *Hippie! Hippie! Matala! Matala!* Alles hatte riesige Dimensionen an diesen Pfingsttagen angenommen. Insgesamt kamen 70 000 Menschen, in den folgenden Jahren sollen es sogar jeweils 100 000 gewesen sein.

Das also war aus meiner Idee von einem kleinen Wiedersehensfest mit alten Hippie-Höhlenbewohnern geworden! Sechs Mal hat das Festival inzwischen stattgefunden. Es ist eine feste Einrichtung geworden. Als der neue (konservative) Bürgermeister es abschaffen wollte, gab es wütende Proteste von Laden- und Restaurantbesitzern, weil natürlich auch gute Geschäfte an diesen Tagen gemacht werden. Ich sehe das bunte Treiben während des Festivals heute – vor allem wegen der totalen Kommerzialisierung – aus der Distanz mit gemischten Gefühlen. Aber ich sage mir: Ich habe das Kind in die Welt gesetzt, nun hat es laufen gelernt und sich aber ganz anders entwickelt, als ich mir es vorgestellt hatte. Das ist der Lauf der Welt.

Und wenn ich die jungen Leute mit Blumen im Haar während der Festival-Tage in Matala sehe, dann frage ich mich, was sie vom

Matala-Leben von einst, das längst zum Mythos geworden ist, noch wissen. Aber der Mythos lebt, da bin ich mir sicher. Ich brauche da nur auf den Felsen mit den Höhlen, das anbrandende Meer und das großartige Ida-Gebirge in der Ferne zu blicken.

Ich kann dieses Kapitel nicht beenden, ohne noch ein Loblied auf eine ältere Kreterin in Matala zu singen. Während des Festivals hatte es sich ergeben, dass sich ein bunt zusammengesetztes Völkchen jeden Abend in der Taverne *Sun Set* auf der dem Höhlenfelsen gegenüberliegenden Seite traf. Es waren die Initiatoren des Festes, frühere Höhlenbewohner aus der Hippie-Zeit, Journalisten, Fotografen, Fernsehleute und Buchverleger. Sie schlugen hier sozusagen ihr Standquartier auf. Was aber nur möglich war, weil dieses Lokal nicht nur die schönste Aussicht auf die kretische Südküste bietet, sondern auch eine Wirtin hat, die uns mit großer Gastfreundschaft empfing und bewirtete. Anna ist eine dieser wunderbaren älteren kretischen Frauen, die sicher ein schweres Arbeitsleben hinter sich haben, aber immer eine große Güte und Würde ausstrahlen.

Genau diese Herzlichkeit wurde in den folgenden Jahren für mich zum Problem. Wenn ich wieder einmal in Matala war, suchte ich natürlich diese schöne Taverne auf, wurde von Anna und ihrer Familie wie immer herzlich empfangen. Das aber war gerade das Dilemma. Denn wenn ich die Köstlichkeiten aus Annas Küche und Weinlager genossen hatte, durfte ich nicht bezahlen. „Nein", sagte die Tochter dann immer, die dort bedient, „das ist ein Geschenk von Mama, weil Du das Festival gemacht hast." Beim ersten Mal habe ich das Geschenk angenommen, weil ich eine solche Geste der Gastfreundschaft nicht zurückweisen wollte. Bei den nächsten Malen habe ich aber auf der Begleichung meiner Rechnung bestanden, was nur nach längeren Auseinandersetzungen möglich war.

Auch im Oktober 2016 war ich wieder in der Taverne *Sun Set*. Als ich nach einem opulenten Mahl die Rechnung verlangte, stand darauf: *0,00 Euro – from the family*. Ich war gerührt und überwältigt von so viel Gastfreundschaft, protestierte dennoch heftig, konnte mich nach längerem Disput auch durchsetzen und meine Rechnung begleichen. Aber ungeschoren kam ich nicht davon: Wie schon bei früheren Besuchen drückte mir Anna zum Abschied eine Plastiktüte mit einer Flasche Raki und einer Flasche Olivenöl in die Hand.

Gegen eine solche Gastfreundschaft ist schwer anzukommen, man hat kaum eine Chance. Deshalb ein dreifaches *Jammas* auf Kretas wunderbare ältere Frauen und ihre Familien – ganz besonders aber auf Anna vom *Sun Set!*

Achtes Kapitel

Als der Heilgott Asklepios des Nachts nach Lentas kam

> Die Griechen waren die ersten Pioniere in das weite, unbekannte Land der menschlichen Seele.
> Robert Payne

Lentas, das kleine kretische Dorf, ist ein besonderer Ort, nicht nur wegen seiner einzigartigen Lage an den südlichen Ausläufern des Asterousia-Gebirges am Libyschen Meer. Einmalig ist vor allem sein Flair: Man muss nur ein paar Tage dort gewesen sein und die Geißeln des modernen Lebens, innere Unruhe, Stress und Depressionen, sind verflogen. Ja, nach kurzer Zeit fühlt man sich mehr bei sich selbst, man ist nicht nur in diesem anmutigen Ort angekommen, sondern auch beim eigenen Ich. Soll heißen: Sollte man mit sich selbst hadern, hier ist Versöhnung mit der eigenen Seele angesagt – und mit allem, was einen umgibt: den Menschen und der Natur. Man fühlt sich – anders gesagt – mit sich selbst im Einklang und das hat etwas mit Klang, also mit Musik zu tun. Und mit Musik haben auch unsere Wörter Person und Persönlichkeit zu tun. Sie leiten sich ab vom lateinischen *per-sonare,* und das heißt so viel wie durchtönen oder durchtönt werden. Ist es da erstaunlich, dass Lentas schon in der Antike ein Heilort war, zu dem die Menschen von nah und von weither kamen, um hier körperliche Gesundung und seelische Harmonie zu finden?

Die Musik als ordnende Kraft – das ist keine Erfindung moderner Musiktherapeuten, sondern eine uralte Erkenntnis, die schon die Pythagoreer im sechsten Jahrhundert v. Chr. hatten. Lentas hat so etwas wie eine ordnende Kraft. Ich habe oft darüber nachgedacht, ob diese einmalige Atmosphäre, die dieser Ort ausstrahlt, etwas mit der *Musik des Meeres* zu tun hat, also mit dessen ewig anbrandenden Rhythmus, der einen hier Tag und Nacht begleitet und der bald zum eigenen Rhythmus wird – ewig gleich und tief in uns eindringend, bis man zu einer abgeklärten inneren Ruhe gefunden hat, die einen den Trubel und die Aufregungen der Welt gelassener hinnehmen lässt.

Wenn man diesen Punkt erreicht hat, ist man bereit, sich dem Wesentlichen zuzuwenden: den elementaren Dingen, die wir zu Hause zumeist nur noch virtuell, das heißt vermittelt durch Medien, wahrnehmen: die Berge etwa, hier vor allem den gewaltigen Löwenberg, einen Felsriesen, der dem König der Tiere ähnlich sieht und sich majestätisch weit ins Libysche Meer vorschiebt; den Wind, der singend durch die Tamarisken fährt und ihre Zweige zum Tanzen bringt; auch die Sonne, die hier im Sommer gleißend und glitzernd auf dem Meer liegt und gnadenlos brennen kann und das Land verdorren lässt, die aber im Frühjahr und Herbst abgekühlt und weniger sengend – unterstützt von schüttendem Regen – von heute auf morgen die Pflanzen wieder zum Grünen und Blühen bringt. Und im Sommer prangt über dem kleinen Ort ein Sternenhimmel, wie man ihn intensiver kaum anderswo sehen kann. Die Himmelslichter sind wie glühende Kirschen groß – und die Milchstraße wölbt sich wie eine weiße Aschenbahn über das nächtliche Firmament. Sind es diese elementaren Dinge, die uns in Lentas wieder in Einklang mit uns selbst bringen? Oder sind es die Menschen, die uns hier so freundlich empfangen?

Ich habe keine schlüssige Antwort auf diese Fragen. Da ich kein Esoteriker bin, will ich nicht über magische oder andere geheimnisvolle Kräfte spekulieren. Ich will die Antwort anderswo suchen. Man könnte nun einwenden, dass nur ich die Wirkung dieses Ortes so empfinde und eben das Opfer von Einbildung bin. Ich entgegne darauf: Viele Menschen haben mir berichtet, dass sie in Lentas genau dieselbe Erfahrung gemacht haben und aus diesem Grund immer wieder hierher kommen.

Es besteht kein Zweifel: Weil die Natur hier so grandios ist, hat sich auch die mythische Phantasie dieses Platzes angenommen. Auch das ist eine Auszeichnung und eine Hervorhebung seiner Besonderheit. Der Felsenlöwe, der hier im Meer badet und nach Afrika hinüberschaut, soll dem Mythos zufolge einer der Löwen sein, die den Wagen der Göttermutter Rhea zogen. Sie war eine der Titaniden, Tochter des Himmelsgottes Uranos und der Erdgöttin Gaia. Als Gattin des Kronos gebar sie die olympischen Götter. Kronos entmannte seinen Vater und übernahm die Herrschaft über die Welt. Gaia hatte ihm aber prophezeit, er werde selbst von einem seiner Söhne besiegt werden. Um dies zu verhindern, verschlang er alle seine Kinder gleich nach der Geburt: Hestia, Demeter, Hera, Hades und Poseidon. Nur Zeus wurde gerettet, weil Rhea Kronos statt seiner einen in Windeln gehüllten Stein zum Verschlingen gab. Später verabreichte man Kronos ein Brechmittel und so spie er seine anderen Kinder wieder aus. Rhea gebar Zeus heimlich auf Kreta. In der Höhle auf der Nidda-Hochebene im Ida-Gebirge wurde er im Verborgenen großgezogen. Als er ein kräftiger junger Mann geworden war, stürzte er seinen Vater Kronos vom Thron und teilte unter seinen Brüdern die Welt auf: Poseidon erhielt das Meer und Hades die Unterwelt. Er selbst wurde der mächtigste der Götter und beherrschte den Himmel und die Erde.

Es gibt eine Inschrift aus der hellenistischen Epoche *(Vios Apollonion),* die besagt, dass sich die Menschen im vierten Jahrhundert v. Chr. im Tempel des Heilgottes Asklepios in Lentas versammelten, weil sie Heilung von ihren Leiden suchten und dass sie lange darüber diskutierten, warum eines der Zugtiere der Göttermutter Rhea zu Stein geworden sei. Der Mythos ist nicht vollständig überliefert, sodass man nicht weiß, wie es zu der Versteinerung kam. Eine Version ist, dass Rhea den Löwen bestraft hat, weil er sich heimlich absetzen wollte, um ihr in der Höhle im Ida-Gebirge verstecktes Geheimnis – der junge Zeus – zu verraten. Eine andere Version besagt, dass Rhea selbst den Löwen erlöste, da er völlig erschöpft oder schwer verwundet war, indem sie ihn in Stein verwandelte. Er sollte sich als Belohnung für treue Dienste für immer mit dem Blick auf die herrliche Küste des Libyschen Meeres ausruhen können. Da liegt er heute noch und schaut majestätisch und entspannt auf das weite Wasser in Richtung Afrika. Und auch seine enge Verbindung mit der antiken Götterwelt belegt, dass es mit Lentas eine besondere Bewandtnis hat.

Der angeschlagene oder verletzte Löwe, der nun in sich ruhend und geheilt auf das Meer blickt – ist er vielleicht ein Symbol für die ordnende Kraft, die dieser Ort zweifellos besitzt? Ich frage mich auch: Liegt es an der Einmaligkeit der Natur, dass sich ein heilender Gott hier seine Tempelstätte erbauen ließ, oder hat der Ort heilende Kraft, weil sich ein Gott hier niederließ? Da ich Rationalist bin und nicht wundergläubig, entscheide ich mich für die erste Antwort: Die Menschen in der Antike haben dem heilenden Gott Asklepios hier ein Heiligtum errichtet, weil die Natur des Ortes dazu besonders geeignet war und eine ganz besondere Atmosphäre bot. Ich will im Folgenden versuchen, dem Geheimnis ein wenig näher zu kommen.

Wenn man heute den Tempelbezirk in Lentas besucht, scheint er auf den ersten Blick eine Steinwüste zu sein, denn viel ist nicht geblieben von der einstigen Pracht der marmornen Hallen, Säulen und Statuen. Die in diesem geographischen Gebiet häufigen Erdbeben haben genauso zur Verwüstung beigetragen wie die plündernde und zerstörende Hand des Menschen, der Jahrhunderte lang dieses antike Kleinod als Steinbruch benutzt hat. Die marmornen Kunstwerke wurden von den Kretern auch häufig zu Kalk gebrannt. Die Christen hatten in früheren Zeiten keinerlei Sinn für antike Schönheit und förderten den Abriss der Tempelanlage mit allen Mitteln, weil solche Stätten als heidnisch galten. Zum Beweis ihrer neuen Macht setzten die Kirchenoberen ihre Sakralbauten mit Vorliebe direkt auf alte Heiligtümer – auch in Lentas. Direkt neben dem kleinen Kirchlein (aus dem 11. Jahrhundert) kann man die Fundamente einer christlichen Basilika sehen, die aus Teilen des antiken Tempels erbaut war. Und von den Außenwänden der Kirche schauen den Besucher Bruchstücke von korinthischen Säulen an, die man dort verbaut hat.

Ich setze mich oft auf eine der aus dem Boden ragenden Stufen, blicke mit nostalgischer Wehmut umher und versuche die durch Abriss entstandene Leere und die steinernen Reste in meiner Phantasie wieder zu beleben – sozusagen rekonstruierend eine Computer-Simulation davon herzustellen, wie es damals hier aussah. Ich stelle mir vor, wie fremd, vielleicht sogar unheimlich aussehende Priester ihren Kult vollzogen und Menschen aus allen Himmelsrichtungen hierher kamen, viele über das Meer aus Nordafrika, weil sie sich von dem Gott, der hier residierte, Heilung ihrer körperlichen und seelischen Leiden und Gebrechen versprachen. Für viele war Lentas sicher die letzte Hoffnung.

Ich sehe vor mir, wie dieser kleine Ort damals (ähnlich wie heute von Touristen) von Menschen wimmelte, die entweder auf dem Landweg über die Berge oder mit dem Schiff unten im Hafen eintrafen – viele auf Krücken sich schleppend oder auf Bahren getragen, viele von ihren Angehörigen oder Dienstpersonal begleitet, weil sie sonst die Mühen einer so langen Reise gar nicht hätten auf sich nehmen können.

Wie viel Schmerz, Kummer und menschliches Leid oder auch Glück des Gesundens mag dieser kleine Tempelbezirk gesehen haben! Unten im Ort ging es derweilen vermutlich fröhlich zu. Da wurde in den Gassen gehandelt und gefeilscht und in den Tavernen gespeist, getrunken, gelacht und um Geld oder Sklaven gespielt, wie es in einem antiken Hafen so zuging. Kurorte und Handelsplätze sind ja immer auch Stätten des Vergnügens. Die Wirte und Besitzer der Gasthäuser und Pensionen verdienten gutes Geld an den Heilsuchenden und den Seeleuten, die die Menschen hierher brachten. Und auch den Priestern ging es gut, denn sie leisteten ihren Dienst nicht umsonst. Asklepios ließ sich seine Hilfe je nach Einkommen des Patienten bezahlen. Jahrhunderte lang war das hier so, bis ein anderes Heilsversprechen und andere politische Mächte die Oberhand gewannen. Tempel, Mauern, Säulen und Statuen fielen Zerstörung und Plünderung anheim. Lentas versank in Geschichtslosigkeit, als hätte es diesen Ort nie gegeben. Wo einst der heilende Kult des Asklepios vollzogen worden war und das blühende Hafenstädtchen Lentas lag, wachsen nun Olivenbäume und Tamarisken, unter denen Schafe und Ziegen weiden.

Lentas (Lebén, Levin, Levina) war schon seit spätneolithischer bzw. frühminoischer Zeit bewohnt. Es wurden Spuren einer Siedlung und Rundgräber gefunden. Die Einwohner von Gortyn (Lentas war der Hafen von Gortyn) gründeten hier im fünften Jahrhundert v. Chr. das Asklepios-Heiligtum, das bald zu großem Ansehen gelangte. Das *Lexikon der Antike* von Pauly bezeichnet es als bedeutend. Vorbild war das Zentrum des Kultes: Epidauros auf der Peleponnes. Das Heiligtum bestand aus einem Tempel, einer Halle *(Abaton)* für die Behandlung der Heilung Suchenden, einer Quelle mit einem Nymphenhaus und einem unterirdischen Schatzhaus. Es muss auch einen Altar für die Opfergaben der Patienten gegeben haben.

Der heilige Bezirk wurde bis in die spätrömische Zeit von Kranken besucht. Aus der Geschichte des Ortes ist nur bekannt, dass Lentas 219 v. Chr. in einer militärischen Aktion von Gortyn endgültig in Besitz genommen wurde. Da diese mächtige Stadt in der

Messara-Ebene auch Phaistos und den Hafen von Matala besaß, hatte sie die uneingeschränkte Herrschaft über Zentralkreta und schickte sich an, die Hauptstadt der Insel zu werden. Gortyn schloss Bündnisse mit Ägypten und Libyen, die sich sicher günstig für den Heilort Lentas ausgewirkt haben dürften, wegen der vielen Kranken, die aus Nordafrika kamen. Funde belegen, dass auch schon früher Kontakte zu dieser Region bestanden.

Das Heiligtum wurde nach dem jeweiligen Zeitgeschmack und den jeweils vorherrschenden Bedürfnissen immer wieder umgebaut. Ein katastrophales Erdbeben im Jahr 46 n. Chr. dürfte es weitgehend zerstört haben, aber es wurde wieder errichtet und wird erst seine Bedeutung verloren haben, als das Christentum 391 n. Chr. im Römischen Reich Staatsreligion wurde, die alle heidnischen Kulte verbot. Die Kraft des Asklepios-Kultes war bis zuletzt – auch nach 900 Jahren noch! – ungebrochen, weshalb der Hass und die Zerstörung, mit der sich die Christen über die Heiligtümer des Gottes hermachten, besonders groß waren. Dazu mag auch eine Ähnlichkeit zwischen den Gestalten Asklepios und Christus beigetragen haben. Der Vergleich wurde immer wieder angestellt. Der Kult erlosch endgültig erst im fünften Jahrhundert, hat aber über 1000 Jahre bestanden hat. Seine Bedeutung zeigt sich auch an der Zahl seiner Heiligtümer: es gab insgesamt 410, von denen Lentas eines der wichtigsten war. Dort wurde in frühbyzantinischer Zeit mit Bestandteilen des Asklepios-Tempels in seinem heiligen Bezirk wie demonstrativ die erwähnte dreischiffige Basilika errichtet. An ihrer Stelle steht heute die kleine Kirche Hagios Joannis.

Nach dieser Zeit ist wenig oder nichts von Lentas bekannt. Der Ort fiel, obwohl immer einige Menschen hier lebten, in einen historischen Dornröschenschlaf. In der Mitte des 19. Jahrhunderts kam der britische Reisende Thomas A. B. Spratt hierher. Er berichtet in seinem zweibändigen Werk *Travels and Researches in Crete*, was er von dem Heiligtum gesehen hatte, ergeht sich aber auch in Spekulationen und Vermutungen, denn noch war der heilige Bezirk nicht ausgegraben. Spratt fand den Ort also in einem ganz anderen Zustand vor, als der heutige Besucher. Aber er war sich sicher, das richtige Lentas und das Heiligtum gefunden zu haben, was – nachträglich festgestellt – auch stimmte.

Die Lage des Ortes am Meer und im Schutz des Löwenberges schien Spratt so ideal, dass sich die Gründung eines Heilzentrums hier von selbst ergeben habe: „Denn wenn die kranken Bürger von Gortyn oder die siechen Bewohner benachbarter Regionen in Kreta keine Heilung von der Medizin der damaligen Zeit erhielten, dann war es ganz natürlich, dass diese Menschen versucht waren, die Luft der nahen Seeküste und das Baden im Libyschen Meer zu genießen. So wurde Lentas schon früh für seine Heilkraft gerühmt, genauso wie der Tempel des Asklepios. Viele antike Autoren haben darüber berichtet. Es war ganz selbstverständlich, dass die Bewohner dem Gott der Gesundheit hier einen Tempel errichteten, denn Lentas war das Brighton [Seebad in England] des mittleren Teils von Kreta. Und es wurde schließlich der Handelshafen von Gortyn."

Überall sah Spratt auf dem Gelände des Heiligtums marmorne Säulen und andere Fragmente des Tempels herumliegen, aber auch unbearbeitete Blöcke parischen Marmors. Er griff selbst zum Spaten und grub einen Sockel mit einer Votivinschrift aus, der sich heute in einem Museum in Cambridge befindet. Am Strand sah er den Fuß einer weißen marmornen Kolossalstatue. Einheimische erzählten ihm, dass Leute aus der Gegend vor einigen Jahren hier gegraben und eine vollständig erhaltene Statue gefunden hätten. Sie hätten sie in Stücke gehauen, um sie besser zum Brennofen transportieren zu können. Dort hätten sie sie zu Kalk verbrannt. Dabei – so vermutet auch Spratt – hat es sich mit Sicherheit um die Statue des Asklepios gehandelt, die einst in seinem Tempel im Heiligtum stand.

Vieles war also schon zerstört, als in den Jahren 1900, 1910 und 1912/13 die Archäologen der italienischen Schule, Federico Halbherr und Luigi Pernier, Ausgrabungen auf dem Gelände des Heiligtums vornahmen. Deshalb kann man sich heute nur ein ungefähres Bild vom früheren Aussehen der Anlage machen.

Lentas schlief seinen Dornröschenschlaf noch einige Zeit weiter. 1928 kam die griechische Fotografin Nelly (Elli Souyoultzoglou) nach Lentas. Das Bild, das sie vom Strand am Fuße des Löwenberges aus machte, zeigt ein vollständig mit Tamarisken bewachsenes Ufer. Nur zwei Häuser sind zu sehen: der kleine weiße Flachbau auf der östlich gelegenen, ins Meer ragenden Felsnase und das Natursteinhaus am Strand unterhalb dieser Anhöhe. Beide Häuser stehen noch.

Leben zog in Lentas erst wieder ein, als nach dem Zweiten Weltkrieg der Tourismus von Kreta Besitz ergriff und auch die Küste am Libyschen Meer erreichte. Heute kommen die Menschen natürlich nicht mehr wegen Asklepios, doch die einmalige Lage, das milde Klima und das Flair des Ortes ziehen die Menschen immer noch magisch an. Was aber geschah einst im Heiligtum des Asklepios?

Um den Heilgott Asklepios – ein Spätankömmling oder Nachzügler unter den Göttern – bildete sich ab dem fünften Jahrhundert v. Chr. ein mächtiger Kult. Auf die Auswahl eines Ortes für ein Asklepios-Heiligtum verwandten die Priester große Sorgfalt. Was der Mythenforscher Karl Kerény für das Asklepieion auf der Insel Kos feststellte, gilt auch für Lebena (Lentas): „In Kos steht das Heiligtum auf einer milden und gesunden Anhöhe – landeinwärts, wo die Insel gebirgig zu werden beginnt." Dort musste es vor allem Wasser geben, das durch Brunnenanlagen floss. Wasser wurde aus hygienischen Gründen gebraucht, war aber auch ein wichtiges Element der Atmosphäre und des Lebens im Heiligtum. Wasser kam vor allem symbolische Bedeutung zu: Es stellte eine Verbindung mit den Tiefen der Erde dar, hatte also chthonischen Charakter. Die Wirkung des Wassers bleibt im Bereich des Wunderbaren. Blinde heilt es durch Benetzen der Augen, die Brust und die Füße werden gleichermaßen durch Trinken geheilt „und für manch einen bedeutet allein das Schöpfen des Wassers schon die Heilung", so die Altertumswissenschaftlerin Antje Krug.

Wenn dem Wasser Heilkraft zugesprochen wurde, dann deshalb, weil es zu Asklepios als chthonischem Gott gehörte. Quellen werden durch ihre Beziehung zum Gott zur Heilquelle. Dass Wasser als Mineral- oder Thermalwasser heilende Wirkung haben kann, war den Griechen unbekannt. Wichtig für die Wahl des Ortes für ein Asklepios-Heiligtum war auch die innere Ruhe der Landschaft, die Stille eines Hains, denn eine solche Stätte sollte ja vor allem dazu in der Lage sein, den Geist ganz auf den heilenden Gott zu konzentrieren. Die Wahl des Ortes wurde deshalb als göttliche Fügung hingestellt, es lag ihm also ein religiöser Sinn zugrunde.

Da viele Asklepios-Statuen erhalten sind, kann man sich heute ein Bild davon machen, wie sich die Griechen diesen Gott vorgestellt haben: als einen würdevollen, älteren bärtigen Mann, dessen

Gesicht nicht nur Milde und Menschenfreundlichkeit ausdrückt, sondern auch ein gewisses selbsterfahrenes Leid, das bei anderen zu heilen seine Aufgabe ist. Diese menschlichen Züge unterscheiden ihn stark von den anderen Göttern, die kaum Gefühle erkennen lassen, sondern in ihrer olympischen Ruhe eher etwas Typisches und Unpersönliches haben. Immer verkörpert Asklepios – auch in seiner etwas vorgebeugten Haltung – die Hinwendung zu seinen Kranken, immer steht er da, als hätte er viel Zeit für sie und wolle bei ihnen verweilen.

Stets stützt er sich auf einen Stab, an dem sich eine Schlange emporwindet. Der Psychotherapeut C. A. Meier hält diesen Stab für einen Baumstamm, die Schlange stelle den Bewusstwerdungsprozess dar, den der Patient in der Begegnung mit dem Gott erlebt. Natürlich ist der Stab, wie später das Zepter der Könige, ein Attribut der Autorität des Gottes. Das Symbol der Schlange ist uralt. Sie ist die Inkarnation erdgebundener Gottheiten, bisweilen verwandelt sich der Gott selbst in dieses Tier, dem heilende Kräfte zugeschrieben werden. Die Fähigkeit der Schlange zur Verjüngung (Häutung) symbolisiert die Loslösung von der Krankheit, also Lebenserneuerung und Wiedergeburt. Nicht zuletzt ist die Schlange Phallussymbol, das Asklepios bei unfruchtbaren Frauen einsetzt. Immer gehört ein Hund zu seiner Begleitung. Auch diesem Tier wird die enge Verbindung zu den Erdgöttern nachgesagt; es übt Wächterfunktion aus, kann aber auch heilen wie die Schlange, zumeist indem es mit der Zunge den kranken Körperteil beleckt. Asklepios' Schlange ist ein gutartiges Tier, eine ungiftige Baumschlange.

Neben seiner Tochter Hygieia, dem Idealbild der vollkommenen Gesundheit, die nie in den Heilungsprozess aktiv eingreift, sondern ihn nur voller Teilnahme begleitet, hat Asklepios noch einen weiteren Begleiter: Telesphoros – ein zwergen- oder kindhaftes Wesen, das in einen Kapuzenmantel gehüllt ist. Seine Aufgabe ist es, wie sein Name (der Vollender) sagt, die Heilung zu einem guten Ende zu bringen. Auch er ist eine Verkörperung mit der Erde verbundener Kräfte, denn vollenden kann auch Tod bedeuten. Telesphoros hatte unter seinem Mantel – als Symbol der Fruchtbarkeit und des Lebens – riesige Genitalien. Er wurde als Statue auch als aufrechter Phallus dargestellt. Noch ein weiteres Symbol hat Asklepios stets um sich:

einen Omphalos, einen Nabel – das Symbol Delphis. Er drückt das enge Verhältnis zu seinem dort residierenden Vater Apoll aus.

Was hatte ein Kranker nun zu tun, wenn er sich in die Obhut des Gottes in Lebena begeben wollte? Zunächst: Die Leidenden kamen mit großen Erwartungen zu den Stätten dieses Gottes. Die lange beschwerliche Reise und die Loslösung vom gewohnten Alltag hatten ihr Verlangen nach Heilung verstärkt. Glaube und Gesundungswille, die Stille im Heiligtum und die anmutige Natur ringsum taten ein Übriges, die Hilfe suchenden Menschen auf das Kommende einzustimmen. Nach genau festgelegten Regeln mussten sie ihre Gewänder und sich selbst reinigen und am Altar Opfer bringen. Die Reinigung wird auch als Bad stattgefunden haben. Nach antiker Vorstellung hatte ein Bad reinigende Wirkung auf Körper und Seele, weil es die Kontamination (Verunreinigung) der Seele durch den Körper auflöst und so freimacht für den Kontakt mit dem Gott, was unbeschränkte Traumerlebnisse ermöglicht.

Man musste zum Gang in das *Abaton* oder *Adyton* des Tempels (ein Raum, der von Unbefugten nicht betreten werden durfte) berufen oder ausgewählt sein, was auf den Mysteriencharakter des Kultes hinweist. Wer sich nicht an die Regeln hielt oder nicht an Asklepios und seine Fähigkeit zu helfen glaubte, dem verweigerte der Gott die Behandlung. Am Abend wurde der Kranke in das *Abaton* geführt, wo er den Tempelschlaf (Inkubation) erlebte. Er lag auf einer Liege oder einem Lager und war völlig isoliert und sich selbst überlassen. Die äußere Stille sollte die innere Sammlung begünstigen. Die Priester, die keine Ärzte waren, hielten sich bei der ganzen Prozedur zurück, schalteten sich nicht in den Heilvorgang ein. Ihre Aufgabe bestand darin, günstige Bedingungen für die Arbeit des Gottes zu schaffen.

Nun kam es darauf an, den *richtigen* Traum zu haben. Geheilt wurde der Patient immer dann, wenn er im Traum eine Epiphanie (Erscheinung) des Gottes erlebt hatte. Der Gott erschien dann, so wie ihn die Kultbilder darstellten, als gütiger bärtiger Mann, oft aber auch als Schlange und Hund. In seiner Begleitung befanden sich zumeist seine Tochter Hygieia, Telesphoros, die Schlange und der Hund.

Wie der Gott bei der Behandlung vorging, beschreibt die Altertumswissenschaftlerin Antje Krug so: „Die leichte Berührung der

‚Handanlegung' ist schon das Äußerste an Wunderbarem, was im Abaton geschah. Der Gott hilft allein durch die Macht seiner Gegenwart, was kein Sterblicher nachvollziehen kann. In den meisten Fällen aber verfährt der Gott so, wie es die Kranken von den Ärzten gewohnt waren: Asklepios fragt seinen Patienten nach seinem Leiden, untersucht ihn, operiert oder behandelt ihn auf andere Weise, gibt ihm Medikamente und Anweisungen, wie er sich später verhalten soll." Oft kommt die Heilung auch zustande, indem die Schlange oder der Hund den kranken Körperteil berühren.

Aus Lebena (Lentas) ist Folgendes überliefert: „Entweder operierte Asklepios den Kranken, wie den Demandros aus Gortyn, der an Ischias litt, oder er behandelte auf seine eigentümliche Art. So setzte er der Frau des Phalaris aus Lebena einen Schröpfkopf auf den Leib, um der Kinderlosigkeit des Paares abzuhelfen. Poplios Granios Rouphos war ein langwieriger Patient, der an Bluthusten und Schulterschmerzen litt. Ihm verordnete der Gott vielfältige Heiltränke – Wein, Honig, Harz, Quitten und Feigen und nicht zuletzt Asche vom Altar des Gottes." (Antje Krug: Heilkunst und Heilkult. Medizin in der Antike) In der Frühzeit des Kultes galt man als unheilbar, wenn sich die Epiphanie des Gottes nicht schon in der ersten Nacht einstellte. Später konnten die Patienten auch länger im Abaton bleiben, bis sie den *richtigen* Traum hatten.

Entscheidend für die Heilung war die Epiphanie des Gottes: Das Ereignis der *Heilwendung* (Karl Kerény) lag im Traum selbst, der als Eingebung des Asklepios, als Orakel oder Botschaft aufgefasst wurde. Das Aufsuchen eines Asklepios-Heiligtums entsprach nicht dem Arzt-Besuch, wie er heute üblich ist, sondern es ist ein Gang „zur Heilung selbst in ihrer unvermittelten nackten Ereignishaftigkeit, wie sie schon bald in erhabenen, bald auch in drastischen Traumgesichtern erlebt wurde", schreibt der Therapeut Alphonse Maeder. Dem lag natürlich eine völlig andere Auffassung von Traum zu Grunde, als sie heute unter Therapeuten Konsens ist: Der Traum war für die Griechen eine bedeutungsvolle und unmittelbare Quelle des Wissens. Sie suchten im Traum die Antwort auf brennende und schwierige Fragen. Die Griechen erkannten in ihm die eigentliche Stimme des Heilgottes Asklepios, eine Äußerung des göttlichen Ratgebers. (Maeder)

Der reiche Grieche Aristidis, der um die Mitte des zweiten Jahrhunderts n. Chr. lebte und zehn Jahre im Asklepieion von Pergamon zubrachte, weil er auf die Heilung durch den Gott wartete, hat sehr genau aufgeschrieben, was er erlebt hat. Er schildert sein Epiphanie-Erlebnis so: „Es war so, als ob man ihn [den Gott] berührte, eine Art Bewusstsein davon, dass er in Person anwesend war; man schwebte zwischen Schlaf und Wachsein, man wünschte die Augen zu öffnen und hatte doch Angst, er könne sich bald zurückziehen; man lauschte und hörte Dinge, manchmal wie im Traum, manchmal wie im wachen Zustand; die Haare standen zu Berge; man schrie und fühlte sich glücklich; das Herz schlug höher, aber nicht aus Überheblichkeit. Welcher Mensch könnte solches Erlebnis in Worte kleiden? Aber jeder, der es mitgemacht hat, wird meine Erfahrung teilen und diesen Seelenzustand kennen."

Eine große Rolle scheint bei der Therapie in den Asklepios-Heiligtümern auch die Musik gespielt zu haben. Die Griechen wussten seit Pythagoras (um 570 bis 510 v. Chr.) sehr genau über die heilenden Kräfte der Klänge Bescheid. „Melodien und Rhythmen gelangen möglichst nahe zur Wahrheit des Göttlichen", war griechische Überzeugung. Musik war das ureigene Gebiet Apolls, des Vaters des Asklepios. „Dass in den Asklepieien Musik gemacht wurde, ist übrigens eine der wenigen überlieferten Angaben über den Kult. Insbesondere werden Chöre erwähnt", schreibt der Therapeut C. A. Meier. Sie sangen – vornehmlich begleitet von Instrumenten wie Kithara und Flöte – *Paiane*, Hymnen an Apoll. Auch Dramen werden in den Heilzentren aufgeführt worden sein; alle größeren Asklepieien hatten ein Theater – wie etwa das berühmte von Epidauros. Die Erschütterungen, die Tragödien auf die Gemüter hatten, waren so mächtig, dass sie seelische Sperren lösen und so zur Katharsis, zur Heilung und zur Neugeburt beitragen konnten. Theater war im antiken Griechenland nicht Unterhaltung, sondern Teil des religiösen Kults.

Aus den in den Asklepieien gefundenen Inschriften geht hervor, dass der Gott auch operiert habe. Das hat zu vielerlei Spekulationen darüber Anlass gegeben, welchen Stand die Medizin in diesen Zentren erreicht hatte. Es sind Spekulationen, mehr nicht. Ein Beispiel aus Epidauros. In einem Bericht heißt es: „Arata von Lakonien,

Wassersucht. Für sie schlief ihre Mutter [man konnte in schwierigen Fällen, bei denen ein eigenes Kommen unmöglich war, Ersatzpersonen ins Abaton schicken], während sie selbst in Lakedämon [Sparta] war, und sieht einen Traum: Sie träumte, der Gott schneide ihrer Tochter den Kopf ab und hänge den Körper auf mit dem Hals nach unten; als viel Flüssigkeit ausgeflossen war, habe er den Körper abgehängt und den Kopf wieder auf den Hals aufgesetzt. Nachdem sie diesen Traum gesehen hatte, kehrte sie nach Lakedämon zurück und traf ihre Tochter gesund an. Diese hatte denselben Traum gesehen." (Antje Krug)

In einem Gedicht von Pindar (um 520 bis 445 v. Chr.) heißt es: „Wie viel nun auch kamen, am Leib ein Geschwür,/ das von selbst wuchs, oder die Glieder verletzt durch/ graues Eisen oder durch/ den weithin geschleuderten Stein,/ oder durch Sommersglut oder den Winter versehrt/ am Körper: die macht' er von der, andere von/ jener Qual frei/, manche behandelnd durch sanften Zauberspruch,/ andere mit heilendem Trank oder Salbverbänden um die Glieder rings,/ andere bracht' er durch Schneiden auf die Beine." (Pindar. Pyth. III 3, 47-53, Übersetzung O. Werner)

Dennoch wäre es eine völlige Verkennung des Aklepios-Kultes zu unterstellen, der Gott habe richtige Operationen durchgeführt. Operationen gehören – ganz wörtlich verstanden – in das Reich der Träume – wie alles in seinem göttlichen Heilhandeln. C. A. Meier schreibt denn auch mit Hinweis darauf, dass die Priester durch das Los bestimmt wurden und keinerlei ärztliche Qualifikation besaßen: „Außerdem wären wohl alle Patienten umgekommen, wenn die chirurgische Tätigkeit, welche in den Träumen der Inkubanten blühte, konkretistisch missverstanden worden wäre." So gesehen besteht auch keinerlei Anlass zu der Vermutung, die Priester hätten im Schutze der Nacht im Abaton, vielleicht unter Einsatz von Hypnose oder betäubenden Drogen, Operationen an den Patienten durchgeführt, dass man also auf diese Weise Heilerfolgen oder Wundern nachgeholfen hätte. Außerdem sind in keinem der Asklepios-Heiligtümer Instrumente oder Geräte gefunden worden, die auf Operationen hinwiesen.

Dennoch gibt es eine Fülle von Berichten über Heilerfolge, die auf Votivtafeln aufgezeichnet worden sind, wobei die Priester sie offenbar in geschickter Weise nach einem bestimmten Schema redigiert haben, sodass sie gleichzeitig eine Werbung für das jeweilige Heilzentrum darstellten und so die Bereitschaft der Kranken erhöhten, sich heilen zu lassen. So lautet z. B. ein Bericht aus Epidauros: „Nikisibule von Messene schlief, um Kindersegen zu erhalten, im Heiligtum und sah einen Traum. Es träumte ihr, der Gott sei mit einer Schlange, die ihm folgte, zu ihr gekommen, mit dieser habe sie verkehrt. Und daraufhin empfing sie übers Jahr zwei Knaben." (Maeder)

Ein anderer Bericht: „Ein Mann war von einem bösartigen Geschwür am Fußzehen in schlimmer Verfassung. Er wurde am Tag von den Dienern herausgebracht und saß auf einem Sessel. Als ihn der Schlaf ergriff, kam eine Schlange aus dem innersten Gemach des Heiligtums, heilte seine Zehe mit der Zunge und zog sich eben dahin zurück. Als er aufwachte und gesund war, sagte er, er habe ein Gesicht gesehen, es habe ihm geträumt, dass ein Jüngling von schöner Erscheinung eine Arznei auf die Zehen aufgestrichen habe." (Maeder)

Wirklich operiert wurde im Heilzentrum des Hippokrates (460 bis 377 v. Chr.) in Kos. Diese medizinische Schule leitete sich auch von Asklepios her. Der Gott wurde hier zum Stammvater der Asklepiaden, eines Familienordens von Ärzten, der über viele Generationen herrschte. Auch für Hippokrates stammten Krankheiten von den Göttern, aber er säkularisierte die Medizin und stellte sie auf den Boden empirisch erforschbarer Ursachen. Die hippokratische Schule studierte die Entstehung und den Verlauf von Krankheiten, der Arzt spielte nun eine führende Rolle, indem er über die Stufen Diagnose, Prognose und Therapie ein medizinisches System entwickelte. Behandelte Asklepios *Kranke*, so behandelte die hippokratische Medizin *Krankheiten*. Der Arzt beobachtete, erklärte und versuchte heilend Einfluss zu nehmen. Diese Methode war der Anfang der wissenschaftlich betriebenen Medizin.

Beide Richtungen der Medizin – der Kult des Asklepios und die wissenschaftliche Medizin des Hippokrates, die aus der griechischen Naturphilosophie hervorging – entstanden zur selben Zeit, etwa am Ende des fünften Jahrhunderts v. Chr. Ein neuer Kult tritt immer dann auf, schreibt Antje Krug, wenn der herkömmliche Glaube die seelischen Bedürfnisse der Menschen nicht mehr zu befriedigen vermag. Krankheit, Verletzung und Tod seien in den größer werdenden städtischen Gesellschaften des antiken Griechenland dieser Zeit nicht mehr als persönliches Einzelschicksal erfahren worden, sondern das Problem habe sich durch das Leid vieler Menschen multipliziert und sei dadurch ein allgemein politisches geworden. Die wissenschaftlich orientierte Medizin habe es aber allein nicht lösen können. So fehle im hippokratischen Eid der Satz, dass der Arzt jedem, der Hilfe benötige, sie auch gewähren müsse. Diese Lücke habe der Asklepios-Kult geschlossen.

Therapeuten wie Maeder nehmen die Heilungen des Asklepios sehr ernst und erklären sie sich folgendermaßen: „Das Erscheinen des Asklepios, der heiligen Schlange, die im Traum vollzogene Handlung (z. B. das Lecken der Wunde durch die Schlange oder eine Heilhandlung des Asklepios selbst) haben die Bedeutung einer Wendung im Krankheitsprozess. Vom Innern, von einer überindividuellen Seite her, durch Lichtgestalten sichtbar gemacht, strömt eine Kraft ins Bewusstsein, die eine *Umstimmung* bewirkt (das Aufleuchten eines urtümlichen Bildes aus dem Kollektivunbewussten). Ein dynamischer Faktor – im griechischen Glauben als Epiphanie des Heilgottes aufgefasst – setzt ein, der die ‚Heilwendung' (nach dem trefflichen Ausdruck Kerénys) herbeiführt."

Maeder begründet die Heilung mit religiösen Begriffen: „Es ist eine alte religiöse Erfahrung, dass wenn der Mensch passiv wird, Gott aktiv werden kann. Natürlich muss man dem Ausdruck ‚passiv' einen positiven Inhalt geben, etwa rezeptiv. Wachsamkeit ist Rezeptivität. Das ganze Vorgehen in Epidauros [wie Lentas] war bestimmt darauf angelegt, die richtige ‚Empfänglichkeit' des heilsuchenden Kranken zu erhöhen, wodurch die tiefsten Schichten in der Seele ihre heilenden Potenzen, ihre aufbauenden Möglichkeiten verwirklichen konnten. Im gegebenen Augenblick greift also der Heilgott ein, als ob die vernichtende Kraft, die sich in der Krankheit auswirkt, sich in eine heilende verwandeln oder von einer heilenden Kraft abgelöst würde. Die verhüllte Knabengestalt des Telesphoros und die aufleuchtende Sonnenkraft der jugendlichen Gestalt Apolls drücken diesen Übergang, die Wendung aus. Sie sind *Symbole numinoser Ordnung* und als solche bewirken sie den Aufgang, die Befreiung."

Neuntes Kapitel

Zwischen Kriegstrauma und Lyra-Musik: das Gebirgsstädtchen Anogia

Es ist jetzt 73 Jahre her, dass die deutsche Wehrmacht das kleine Städtchen Anogia im kretischen Ida-Gebirge verwüstet und viele seiner Einwohner umgebracht hat. Kommt man heute dorthin, wird man noch immer ein beklemmendes Gefühl nicht los. Die Männer des Ortes hatten sich ganz besonders gegen die fremden Okkupanten gewehrt. Viele von ihnen gingen als Partisanen in die umliegenden Berge. Der Kommandant der „Festung Kreta", der deutsche General Müller, hatte am 13. August 1944 verfügt: Da die Stadt Anogia ein Zentrum britischer Spionagetätigkeit sei und verschiedenen Widerstandsgruppen Unterschlupf gewährt habe, sei sie dem Erdboden gleich zu machen und jeder männliche Einwohner hinzurichten, der in dem Ort oder in dessen Umkreis angetroffen werde.

Der Befehl, der heute auf einer Tafel am Mahnmal gegen den Krieg vor dem Rathaus in Deutsch zu lesen ist, wurde mit deutscher Gründlichkeit umgehend ausgeführt. Alle 950 Häuser des Ortes wurden zuerst niedergebrannt und dann mit Dynamit gesprengt. 117 Menschen wurden hingerichtet, die anderen Bewohner waren in die Berge geflohen. Die Wehrmachtssoldaten töteten die Schaf- und Ziegenherden und vernichteten so auch die wirtschaftliche Basis der Stadt – Viehzucht und Wollverarbeitung. Der Krieg ist hier auch nach 73 Jahren noch allgegenwärtig.

Kommt man mit den Menschen ins Gespräch, erzählen sie, wer von ihren Angehörigen damals ermordet wurde und wer durch Glück oder Zufall überlebte. Überall in der Stadt hingen 2014 anlässlich der 70. Wiederkehr des deutschen Überfalls Plakate, die Szenen des damaligen schrecklichen Geschehens zeigten und die Aufschrift trugen: *Anogia – Holocaust August 1944*. Mit diesem Wort, das eigentlich die Vernichtung der europäischen Juden durch die Nazis benennt, wird der Zerstörung der Stadt und der Ermordung der

Menschen gedacht. Die Traumatisierung ist aber auch nach mehr als sieben Jahrzehnten nicht überwunden. Und dennoch ist man hier oben als Deutscher willkommen, was immer wieder verwundert.

Anogia ist das Zentrum der kretischen Musik; viele berühmte Musiker kamen von hier oben. Kretische Musik ist im Wesentlichen Lyra-Musik. Dieses dreiseitige Streichinstrument wird aufrecht auf dem Knie gehalten und mit dem Bogen gestrichen. Die Saiten werden seitlich mit dem Fingernagel berührt, also nicht niedergedrückt, was der Lyra einen harten, metallenen Klang verleiht. Der Rhythmus wird in der Hauptsache von der Lauto gemacht, einer Laute mit vier Doppelsaiten. Bisweilen wird der Rhythmus auch von einer Trommel verstärkt, die mit der Hand oder einem Stock geschlagen wird.

Den größten Musiker-Ruhm erlangte die Familie Xilouris. Nikos, ein begnadeter Lyra-Spieler und Sänger, der sich auch im Widerstand gegen die von 1967 bis 1974 herrschende Militärjunta hervortat, machte unter dem Familiennamen Xilouris Karriere und erlangte Weltruhm. Als er 1980 in New York starb, habe – so heißt es – ganz Kreta geweint. Sein Bruder Andonis, der sich Psarantonis nennt, war und ist nicht weniger erfolgreich, er gilt heute als der Vertreter der kretischen Musik schlechthin, obwohl er musikalisch und im Gesang ganz eigene Wege gegangen ist. Jüngere Mitglieder der Familie sind dabei, ebenfalls eine musikalische Karriere zu starten. Zu nennen sind aber auch die Namen von Berühmtheiten wie Skoulas, Skordalos, Giorgos Klados, Nikophoros Aerakis und viele andere – sie alle stehen für die einzigartige Musiktradition von Anogia. Dem viel zu früh verstorbenen Nikos hat man am Dorfplatz im unteren Teil des kleinen Städtchens ein Museum eingerichtet, das liebevoll die Erinnerung an diesen Ausnahmemusiker pflegt und fast wie eine Weihestätte wirkt. In Schaufenstern im Ort hängt sein Porträtfoto direkt neben Heiligenbildern. Sein Grab in Athen ist noch immer eine Pilgerstätte für seine Anhänger.

Die Lyra ist aber mehr als ein Musikinstrument, sie ist nicht nur die Stimme Kretas, sie ist das Symbol der kretischen Identität schlechthin. Die Beziehung der Kreter zu diesem Musikinstrument ist hoch emotional; denn es stellt mit seiner Musik auch die Verbindung zur Vergangenheit her – sei sie nun ruhmvoll oder schrecklich. Zur Lyra-Musik gehören die *Mantinaden* – halb gesprochene, halb gesungene lyrische Verse, das Blut oder die Seele der kretischen Musik. Sie haben die Wechselfälle des Lebens zum Inhalt, Liebe und Tod, können aber wie die *Risitikas*, die ebenfalls zur Lyra gesungen werden, auch die Vergangenheit, Widerstand und Krieg behandeln. Thema sind immer wieder der Kampf gegen die Türken, die hier Jahrhunderte herrschten, – sowie die Schreckenszeit von 1941 bis 1944, als die Deutschen die Insel besetzt hielten.

In vielen Liedern und Versen haben sich die Trauer, der Schmerz und die Verzweiflung über die Untaten der *Germanos* niedergeschlagen. Im Blick auf Hitlers Soldaten heißt es in einem Lied: „Die Barbaren haben Feuer angelegt,/ Unschuldige schont der Schuss des Deutschen nicht./ Ein Kulturland in Europa droben/ richtet alle internationalen Normen hin./ Schrecken haben sie verbreitet, Tote aufgehäuft,/ ließen niemand am Leben./ Verflucht sei das Land, verdammt sein Stamm, auf dass Jahrhunderte vergehen ohne Vergebung." In einem anderen *Risitiko* aus dem Zweiten Weltkrieg heißt es: „Eine Schwarzgekleidete sitzt in Maleme und weint./ In ihren Armen hält sie einen toten Körper,/ sie wischt ihn mit Tränen/ und kleidet ihn in Rosenblätter./ Sie singt ihm Trauerlieder/ und spricht Tausende Verwünschungen aus./ Hitler, du sollst niemals wiedergeboren werden." Die Nazis sind in diesen Liedern und Versen die „Hunde", die „Barbaren", die „Hunnen".

Besucht man das von der deutschen Wehrmacht geschundene Anogia, dieses lang gestreckte Felsennest im Psiloritis-Gebirge, dann muss man unbedingt noch die letzten Kilometer in Richtung Gipfel zurücklegen, um die Nidda-Ebene zu sehen: eine von Bergen eingeschlossene Hochebene, auf der die Schaf- und Ziegenherden wie vor Jahrtausenden entlangziehen und die Hirten in selbst gebauten steinernen Rundhütten (die *Mitatas*, die es schon in der Minoerzeit gab) hausen. Eine archaisch bukolische Welt, wo die Zeit still steht und Ewigkeitscharakter zu haben scheint, weshalb sich schon vor Äonen der Mythos ihrer bemächtigt hat. Nicht irgendein Mythos, sondern die Phantasie der Griechen hat in diese majestätischen Berge, in eine Höhle von gewaltigem Ausmaß oberhalb der Ebene die Kinderstube ihres obersten Gottes verlegt: der Weltenherrscher Zeus.

Weil Zeus' Vater Kronos befürchtete, dass seine Kinder ihm die Herrschaft entreißen könnten, hat er sie aufgefressen. Seine Frau

Rhea überlistete den Gatten und schob ihm statt der Kinder Felsbrocken in den Mund. Den kleinen Zeus versteckte sie in der Höhle hier. Weil der Kleine aber wie alle Kinder laut zu schreien pflegte, postierte sie vor der Grotte die Kureten – mythische engelsgleiche Gestalten, die dort tanzten und mit Stöcken und Schwertern auf ihre Schilde schlugen, um mit diesem Lärm das Geschrei des kleinen Zeus zu übertönen und ihn vor der Gewalt des Vaters zu schützen.

Die Nidda-Ebene wurde in den Jahren der deutschen Besetzung aus ihrem Ewigkeitsschlummer gerissen. Hier in den Bergen hatten sich die kretischen Partisanen (die *Andarten*) verschanzt und hier leisteten sie den Deutschen erbitterten Widerstand, den die Wehrmachtssoldaten grausam und furchtbar mit sogenannten Sühneaktionen bestraften – wie im Fall Anogia. Auf der Nidda-Ebene sollten die Flugzeuge der Eroberer landen, aber die Kreter wussten es zu verhindern, indem sie dort große Felsbrocken verteilten. Erbittert wurde um dieses Bergland gekämpft.

Ende der 80er Jahre kam die Berliner Künstlerin Karina Raeck nach Anogia und war von tiefer Scham über das erfüllt, was ihre Landsleute hier angerichtet haben. Sie wollte ein Zeichen der Versöhnung und Wiedergutmachung setzen. Ihr Vorhaben: auf der Nidda-Ebene, am Fuße eines nach Norden sich erstreckenden Berges, eine Figur aus Steinen auszulegen, die alles zusammenfasste, was diese Bergregion ausmacht: den antiken Mythos ebenso wie die Schrecken des Krieges. Dieses Projekt durchzusetzen war nicht so einfach in der patriarchalischen Männerwelt der Kreter dort oben. Aber sie schaffte es, und so entstand mit Hilfe der Schäfer, die die schweren Steine heranschleppten und positionierten, in zweijähriger Arbeit direkt gegenüber der Zeushöhle die Figur des *Unsterblichen Partisanen (Athanatos Andartis)* – ein riesiger liegender, engelgleicher, geflügelter und tanzender Kurete, der die Arme weit ausstreckt und mit der einen Hand den Saum des Berges berührt.

In der Brust klafft dem Riesen, der die Maße 32 x 9 Meter hat, ein tiefer Riss – Erinnerung an einen Partisanen aus Anogia, der bei den Kämpfen am Oberkörper schwer verwundet worden war, sich in einer Höhle vor den Deutschen verstecken musste und von den Frauen nachts versorgt wurde. Karina Raeck versteht diesen Riss auch als Symbol für die tragische und so folgenschwere politische

Spaltung des griechischen Volkes, die bis heute anhält und ihren schrecklichen Höhepunkt im Bürgerkrieg 1944 bis 1949 fand. Es ist gar nicht leicht, den *Unsterblichen Partisanen* zu finden. Macchia und hohe Disteln haben ihn inzwischen überwuchert – er ist Teil der Natur der grandiosen Nidda-Ebene geworden. Was aber ganz im Sinne der Künstlerin ist: „Er soll ein Teil der Landschaft, der Mythen und der Geschichte dieser einzigartigen Bergwelt sein", sagt sie heute.

Als ich 2015 durch Anogia schlenderte, blieb ich an einer Mauer stehen, weil quer durch die steinernen Schichten ein tiefer Bruch geht. Vielleicht die Folge von Erdbeben, dachte ich, die sind in dieser Gegend ja sehr häufig. Ein älterer Mann stand plötzlich neben mir. Als hätte er meine Gedanken erraten, sagte er: „Das war kein Erdbeben, es waren die deutschen Soldaten, sie wollten die Mauer mit Dynamit sprengen, haben es aber nicht geschafft. Der Riss erinnert an diese unsinnige Tat." Der Mann fällt durch einen breitrandigen Strohhut auf, der ihm ein fast großbürgerliches Aussehen verleiht. „Vielleicht haben Sie Lust, mein kleines Museum anzusehen, das nur wenige Schritte entfernt ist?", sagt er. Wir gehen zusammen dorthin und erst jetzt, als ich vor dem kleinen modernen Flachbau stehe, verstehe ich, wer mich da angesprochen hat: der Sohn des berühmten kretischen Malers Alkibiades Skoulas. Er ist ist auch schon über achtzig Jahre alt und stellt sich als Georgios Skoulas vor.

Gegenüber dem Museum, auf der anderen Seite der Straße, ist der Maler in einer Steinbüste verewigt: ein knorriger und herrischer kretischer Patriarch, das Gesicht von Wind und Wetter zerfurcht. Auf alten Fotos tritt er so hervor, wie die älteren Männer früher hier alle gekleidet waren: ganz in traditionellem Schwarz, wozu auch das schwarze Kopftuch, die Pluderhose, die schwarzen Stiefel und der Stock gehörten. Im Ort nannte man ihn *Grilios*, die Grille. Lange schon muss er auf dem Friedhof von Anogia ruhen, denn er wurde 1902 geboren. Als junger Mann tat er das, was die meisten jungen Männer damals taten (und zum Teil auch heute noch tun) – er ging in die Berge und hütete Schafe und Ziegen, stellte Käse her, seine Angehörigen kamen mit Eseln herauf, versorgten ihn mit dem Nötigsten und holten den Käse ab.

Karg und einfach ist das Leben hier oben, denn außer Schafen und Ziegen, den Oliven, dem Wein und dem Raki gibt es hier nicht viel. Bis zu seinem 65. Lebensjahr führte *Grilios* dieses Hirtenleben. Sechs Söhne und drei Töchter hat er in die Welt gesetzt, die ihm 40 Enkel schenkten. Als er 65 wurde, hatte *Grilios* das Leben in den Bergen leid, er machte ein Kafenion am Dorfplatz auf und übergab es seinem Sohn. Er selbst saß herum und wusste nichts Rechtes mit sich anzufangen. Die Wende leitete ein Tourist ein, der ihn im Kafenion mit ein paar Strichen gezeichnet hatte. *Grilios* war fasziniert von dieser Fertigkeit, ging nach Hause und versuchte sich von nun an wie ein Besessener in dieser Kunst. Als er Fortschritte in seiner Arbeit sah, kaufte er sich Farben – einfache Lackfarben, mit denen man auch Fenster und Türen streicht – und begann zu malen. Ein Spätberufener sozusagen, der mit plakativen Farben in fast einfältig naiver Weise ohne Perspektive (wobei wohl die Ikonen als Vorbild dienten) und zumeist in mehreren Bildetagen alles auf Holz, Stein und Pappe brachte, was er um sich herum sah und erlebte: Das Leben der Bauern und Hirten in den Bergen, Szenen aus dem Ort und aus der Geschichte der Region. *Grilios* griff auch zum Schnitzmesser und zu Hammer und Meißel und schuf Skulpturen von Menschen aus seiner Umgebung: naiv und eindimensional gestaltet, aber voller Leben und humorvollem Hintergrund.

Grilios nahm sich vor allem auch des Themas an, das hier alle Menschen zutiefst berührt: der deutsche Überfall auf Anogia im August 1944. Er selbst kannte den Krieg aus eigenem Erleben, denn er hatte als Partisan in den Bergen gekämpft, als die Deutschen die Stadt in Schutt und Asche legten und viele Menschen als Sühneopfer umbrachten. Auf *Grilios'* Bildern kann man die Angriffe der deutschen Luftwaffe auf den Ort sehen, die Invasion der Soldaten und den Abwehrkampf der Partisanen. Auf einem Bild schildert er, wie die Männer, Frauen und Kinder unter Führung des Popen in die Berge fliehen – in der Ferne sieht man die deutschen Soldaten schon auf den Ort anrücken, der noch unversehrt dasteht. Diese Bilder sind anrührende Zeitdokumente, die klar machen, wie furchtbar der deutsche Angriff in das Leben der Menschen hier eingegriffen und für sehr lange Zeit seine traumatischen Spuren hinterlassen hat.

Grilios wurde auf seine alten Tage noch eine Berühmtheit. Die Galerien in Heraklion und Athen zahlten für seine Bilder hohe Preise, und sie gingen in alle Welt. 1984 konnte er sich von den Honoraren das kleine Museum bauen, in dem ich die Hinterlassenschaft des Alten bestaunte. Es beherbergt die Bilder, von denen er sich nicht trennen wollte. Sohn Georgios verwaltet und pflegt das Erbe mit großer Liebe. Zum Abschied griff er zur Lyra und spielte und sang für den Gast ein paar Lieder. Ich habe die Texte nicht verstanden, aber an seinem schelmischen Lächeln konnte ich sehen, dass es diesmal nicht um die Grausamkeiten des deutschen Überfalls ging, sondern um *agapi*, das uralte Thema Liebe.

Zehntes Kapitel

Ein Jammas auf Kretas wunderbaren Wein!

Wir sitzen abends mit Freunden in einer Taverne in Lentas zusammen. Die Stimmung ist großartig – die Gespräche kreisen um die große Insel, die Weltpolitik, Fußball und kretischen Wein, dem wir kräftig zusprechen. *Jammas! Jammas!* heißt es immer wieder, und hell klingen die Gläser beim Anstoßen. „Wer hat diesen wunderbaren Wein gemacht?", fragt einer aus der Runde. Ich schaue auf das Etikett der Flasche: ein Winzer namens Zacharias Diamantakis in dem Dorf Kato Asites am Fuße des Ida-Gebirges. Einige aus der Runde beschließen spontan: da fahren wir hin und schauen diesem Winzer, der einen solchen Nektar herstellt, mal in die Fässer. Am nächsten Tag stelle ich die Verbindung zu Zacharias Diamantakis her. Er freue sich, uns begrüßen zu können, schreibt er mir per E-mail zurück.

Zacharias Diamantakis, ein junger, dynamischer Mann von vielleicht vierzig Jahren empfängt uns auf dem Firmengelände mit großer Herzlichkeit. Zuerst führt er uns auf einen kleinen Hügel, von dem aus er sein Winzerreich überschauen kann. Inmitten der welligen und überall mit Oliven und Wein bebauten Hügellandschaft, die nach Westen zum majestätischen Ida-Gebirge ansteigt, liegen seine Felder, die schon lange im Familienbesitz sind. Früher standen auch hier Olivenbäume, bevor man sich entschloss, Weinstöcke zu setzen. Wir sitzen dann in einer Halle vor großen neuen und metallen blinkenden Kesseln, in denen die edlen Jahrgänge reifen. Zacharias Diamantakis erzählt uns die Geschichte und die Philosophie seiner Firma: Im Jahr 2007, als sich die griechische Krise schon abzeichnete, haben er und seine Brüder die Firma gegründet – „ohne Kredite und Schulden", wie er lachend sagt. Man hat hier also den Wirren der Zeiten und dem politischen Druck Europas getrotzt und Erfolg gehabt. „Jedes Jahr haben wir einen Schritt weiter nach vorn gemacht", erklärt Zacharias Diamantakis, „und es hat funktioniert. Wir stehen heute ganz gut da!" Ein kleiner Lichtblick also inmitten der großen griechischen Krisenlandschaft.

Das Weingut in Kato Asites musste mit anderen Problemen kämpfen: vor allem mit dem schlechten Ruf des griechischen und auch des kretischen Weins. Dabei ist Kreta uraltes Weinland – seit 4000 Jahren werden auf der Insel Reben angebaut (schon Homer erwähnt Kretas Wein). Die Minoer, deren Kultur um 1400 v. Chr. zu Ende ging, waren Meister des Weinbaus und exportierten das edle Getränk in den ganzen Mittelmeerraum. Die antiken Griechen setzten die Tradition fort. Die Römer schätzten Kretas Wein hoch ein und kopierten die Produkte der Insel auf ihren Weinbergen. In Pompeji wurde eine Amphore gefunden, die die Aufschrift *CRETEXC* trug, was *außergewöhnlicher kretischer Wein* bedeutet. Das christlich bestimmte byzantinische Mittelalter förderte den Weinbau auf Kreta nicht, aber die Venezianer, die Kreta lange Zeit beherrschten, förderten mit ihrem klugen Handelsgeist wieder die Weinkultur, und Kreta beherrschte sogar die europäischen Weinmärkte. Während der Türkenherrschaft erlebte die Weinproduktion wegen des muslimischen Alkoholverbots einen großen Einbruch. Erst langsam erholte sich Kretas Weinanbau, nach dem Anschluss der Insel an Griechenland 1913, und versuchte auch international den Anschluss zu finden.

„Kretas Wein genießt noch heute in Griechenland und gerade auch in Athen keinen guten Ruf. Dabei haben wir hier und die anderen Winzer in den vergangenen Jahren große Fortschritte gemacht, und Qualität ist unser oberstes Ziel", sagt Zacharias Diamantakis, der auf der Weinbauschule in Athen studiert und in der Toskana Erfahrungen gesammelt hat. Er setzt nun vor allem auf die griechische Jugend, die früher Ouzo, später westliche Getränke – vor allem Whisky – bevorzugte und heute griechischen und kretischen Wein schätzen gelernt hat. Als ich den Winzer darauf aufmerksam mache, dass man auch in griechischen Tavernen in Deutschland – auch wenn sie *Kreta*, *Knossos* oder *König Minos* heißen – keinen guten kretischen Wein bekommt, nickt Diamantakis zustimmend und erklärt, dass er das Problem gut kennt, und dass man daran arbeite, das zu verbessern: „Wein aus Kreta soll wieder absolute Spitze werden!" Das ist sein Ziel, und wenn man diesem dynamischen Mann gegenübersitzt, dann glaubt man ihm aufs Wort.

Dann stellt er die sechs Kreationen des Hauses auf den Tisch und entkorkt im Laufe des Probierrituals eine Flasche nach der anderen sehr liebevoll – nicht ohne an jedem Korken zu schnuppern. „Ich rieche am Korken, ob die Flasche gut ist oder nicht“, erklärt er. Für die einfachen Landweine, die schnell getrunken werden und nicht lange gelagert werden sollen, verwendet er Plastikkorken, für die edlen Tropfen mit längerer Liegezeit nur echte Korken. „Alles andere wäre eine Sünde“, lacht er und schenkt sich ein, riecht lange am Inhalt seines Glases und gießt dann uns ein.

Den Geschmack von Wein zu beschreiben, ist ähnlich schwierig, wie wenn ein Blinder Farben schildern soll. Es geht nicht. Man muss zumeist zu dummen, manchmal albernen Vergleichen greifen. Weist der edle weiße *Vidiano*, den wir probieren, wirklich ein Zitrus-Aroma auf wie wie Bergamot, mit einem auch von Birne, Banane und Melone? Kann man den wunderbaren *Diamentropetra Red*, der 70 Prozent Syrah- und 30 Prozent Mandilarie-Trauben enthält, wirklich mit dem Geschmack von Brombeeren und Pfeffer in Verbindung bringen? Und den *Diamantopetra White* (50 Prozent Vidiano – und 50 Prozent Assyrtiko-Trauben) mit Zitrone, Vanille und Nüssen, wie es der Prospekt des Hauses beschreibt?

Ich traue diesen Vergleichen nicht, weiß nur, dass die Weißweine hier eine wunderbare Balance zwischen Süße und Säure haben, reich und voll auf der Zunge liegen und einen langen, nachhaltigen Abgang haben. Bei dem *Diamantopetra*-Rotwein kann ich mich mit der vagen Aussage von Zacharias Diamantakis anfreunden: „Er hat eine fein abgestimmte Säure mit einem lange im Mund anhaltenden Potential.“ Aber auch das ist irgendwie unbeholfenes Wein-Latein. Mir fehlt einfach die Sprache, um das wunderbare Potential dieser Weine zu beschreiben, geschweige denn zu definieren. Aber vielleicht ist das zugleich das beste Kompliment, das man diesen edlen Tropfen machen kann. Ich flüchte mich bei meinem Beschreibungsversuch lieber in romantisch verklärte Bachus-Lyrik: Ein kretischer Wein, der mir zusagt, muss die fast immer intensiv strahlende Sonne Kretas und die steinige Erde der Insel enthalten, er muss das Wunder vollbringen können, mich rauschhaft die Schönheit dieser Insel erleben zu lassen – und genau das tun die Weine von Zacharias Diamantakis.

Als wir uns von diesem tüchtigen Kreter verabschieden, merken wir, wie stark die Botschaft der Diamantakis-Weine ihre Wirkung getan und Geist und Seele beflügelt hat. Beschwingt setzen wir unsere Fahrt fort. Kostas Manidakis, der uns begleitet, will uns noch einem alten Bekannten vorstellen, der im Nachbardorf wohnt: Georgios Z. Kopidakis, ein hagerer, großer grauhaariger Mann mit dem gepflegten Äußeren eines Gentleman und den Gesichtszügen eines Intellektuellen. Er ist Rechtsanwalt am Gericht in Heraklion. Er empfängt uns überaus freundlich, geleitet uns durch einen paradiesisch blühenden Garten zur Veranda seines Hauses. Dort hat er ein kleines Mahl für uns vorbereitet – sehr einfach, aber von höchster Delikatesse: *Paximadi* (griechischer Zwieback), Bergkäse, Oliven und Tomaten, die eine Besonderheit aufweisen: Sie haben nicht den fahlen, wässrigen Geschmack der unreifen Supermarkt-Tomaten, sondern einen höchst intensiven wirklichen Tomatengeschmack. Diese Tomaten haben eine Geschichte: „Die Samen beziehungsweise Pflanzen dieser Tomaten habe ich von meinen Eltern geerbt. Sie werden von Generation zu Generation weitergegeben. Ich ziehe sie selbst. Es gibt keine besseren!" lacht Herr Kopidakis. Er stellt auch selbst Wein her – von Trauben aus seinem großen Garten, aber nur für den Hausgebrauch. Die Ernte der beiden letzten Jahre sei aber wegen der schlechten Witterung nicht besonders gut gewesen. Wir trinken deshalb zu dem köstlichen Mahl nicht seinen eigenen Wein, sondern den edlen Rotwein von Zacharias Diamantakis, der unsere Stimmung noch weiter anhebt.

Aber die Heiterkeit in der fröhlichen Runde schlägt plötzlich um, denn die Krise, in die die europäisch-deutsche Hegemonie Griechenland gestürzt hat, ist mit einem Mal unmittelbar anwesend. Denn Herr Kopidakis beschreibt uns die Situation, in der er gegenwärtig lebt: Die der Regierung von Ministerpräsident Alexis Tsipras aufgezwungenen Sparmaßnahmen haben das griechische Gerichtssystem an den Rand des Zusammenbruchs gebracht. Rechtsanwälte und Juristen streiken seit sechs Monaten gegen Steuererhöhungen, die jüngst verabschiedete Rentenreform, für eine Justizreform und höhere Gehälter. Mittlerweile haben sich mehr als 320 000 unbearbeitete Gerichtsfälle angehäuft – zusätzlich zu 380 000 Verfahren, die schon liefen. Über 700 000 Fälle sind also offen, für ihre Aufarbeitung bräuchten die Juristen mindestens zehn Jahre, sagt er. Wie absurd die Situation ist, die man dem Land aufgenötigt hat, belegen ein paar Zahlen: Ein junger Rechtsanwalt, der 20 000 Euro im Jahr verdient, muss nach den neuen Gesetzen 14000 Euro Rentenbeiträge, Krankenversicherung und Steuern bezahlen. Durch die Sparmaßnahmen erhöhen sich die Renten- und Krankenkassenbeiträge der Freischaffenden und Selbstständigen um 223 Prozent.

„Das sind unmögliche Zustände, zu denen man uns da gezwungen hat", sagt Herr Kopidakis. „Für mich persönlich und meine Kollegen bedeutet das, dass wir seit einem halben Jahr keinen Cent Gehalt bekommen haben. Ein Ende des Streiks ist nicht abzusehen. Griechenland ist dabei, zu den Zuständen der dreißiger Jahre zurückzukehren – in den Faschismus." Betroffen hören wir diesem Mann zu, der uns hier mit so großer Gastfreundschaft bewirtet. Und es ist keine Frage: An seinem Schicksal und dem seiner Kollegen hat die europäisch-deutsche Hegemonie-Politik ihren verhängnisvollen Anteil. Ein bisschen Hoffnung und Optimismus beim erfolgreichen Winzer Diamantakis, tiefe Niedergeschlagenheit und Depression bei diesem Rechtsanwalt.

Europa – das Griechenland und die große Insel Kreta so in den Abgrund stürzte, was ist das heute noch? Zeus hatte dem Mythos zufolge einst die phönizische Königstochter hierher entführt, dem Kontinent so den Namen gegeben und mit der Entstehung der ersten Hochkultur die Richtung gewiesen. Hat dieser Mythos heute noch irgendeine Bedeutung? Hat er je eine Bedeutung gehabt? Der Zeus-Stier konnte ja nicht nur als Entführer und Vergewaltiger gedeutet werden, sondern auch als Symbol für Kraft und Dynamik, die am Anfang der Geschichte des Kontinents standen. In einem langen Reifeprozess, der von vielen historischen Brüchen und Katastrophen begleitet war, sollten am Ende Selbstbestimmung, Wohlstand und Toleranz stehen – ein Sieg der Menschenrechte und des Völkerrechts im weitesten Sinne. Europa ist heute von diesem Ziel weit entfernt. Es droht an seinen eigenen Widersprüchen und Ungerechtigkeiten zu zerbrechen. Griechenlands gewollter Absturz ist Beispiel und Fanal dafür.

Beschämt und mit schlechtem Gewissen verabschieden wir uns schließlich von Herrn Kopidakis, der mit keinem Wort uns hat spüren lassen, was Europa und besonders die deutsche Regierung hier anrichten. Was kann man im Augenblick tiefer Ohnmacht tun, als ganz unpolitisch und voller Freude auszurufen: Tausend Dank für die einmalige Gastfreundschaft und ein vielfaches *Jammas!* auf Kretas wunderbaren Wein! Um dann mit großer Wut, Empörung und erhobener Faust ein Hoch auf die griechische Demokratie folgen zu lassen, die hoffentlich bald wieder souverän und unabhängig in einem Europa agieren kann, das den Namen verdient!

Reihe Sedones

Ein Schwerpunkt des Verlages Dr. Thomas Balistier ist die 1998 eröffnete *Reihe Sedones*. Hier werden spannende und unterhaltsame Themen für den an der Kultur und Geschichte Kretas interessierten Urlauber informativ und kurzweilig behandelt.

Sedones 7
Arn Strohmeyer
Dichter im Waffenrock
Erhart Kästner in Griechenland und auf Kreta 1941 bis 1945
131 Seiten
ISBN 978-3-937108-07-0

Der Schriftsteller Erhart Kästner (1907-1974) ist bei Griechenland-Liebhabern noch heute äußerst populär. In Rezensionen seines Werkes wird er als „Philhellene“ und „Humanist“ beschrieben.
Arn Strohmeyer geht dem Phänomen nach, wie dieser Autor während des 2. Weltkriegs „sein“ ideales Griechenland suchen und dabei die brutale Realität des Krieges so gut wie ausblenden konnte.

Sedones 12
Arn Strohmeyer
Faszination Kreta. Impressionen von einer alten und doch jungen Insel
145 Seiten
ISBN 978-3-937108-19-3

Kreta – die *Insel im purpur-wogenden Meer*, die Homer schon preist, ist die Wiege der abendländischen Kultur. Ihre geschichtsgesättigte Erde und faszinierende Kultur üben eine enorme Anziehungskraft auf Urlauber aus. Allerdings stimmt ein Teil unserer Reiseliteratur nicht mehr, wenn sie z. B. den *Zauber einer Landschaft* beschreibt, der oftmals längst vergangen ist. Der Einbruch der Moderne und der Prozess der Globalisierung haben Kreta verändert. Die Insel ist heute auch ein Ort der Entzauberung geworden. Arn Strohmeyer begleitet diese Entwicklung seit über 40 Jahren. Seine Kritik ist die Klage eines Liebenden. Nach wie vor bekennt er sich zur Faszination Kreta.

Sedones 16
Arn Strohmeyer (Hg.)
Mythos Matala / The Myth of Matala
Ein Fotoband aus den 60ern und 70ern / Photographs from the Sixties and Seventies
120 Seiten, über 100 Fotos, fester Einband
ISBN 978-3-937108-26-1

Die Hippie-Bewegung als friedfertige Rebellion der Jugend ist in den 60er Jahren in den westlichen Gesellschaften entstanden. Langhaarig und farbenfroh gekleidet, protestierten ihre Anhänger gegen die ihrer Meinung nach spießige und sinnentleerte, einzig auf Wohlstand und Konsum ausgerichtete Kultur ihrer Eltern. Ihre von gesellschaftlichen Zwängen und Tabus freie Lebensauffassung wurde von der älteren Generation oft als Provokation empfunden. Tatsächlich waren die Blumenkinder auf der Suche nach einer humaneren Lebensweise, nach Harmonie mit der Welt und mit sich selbst. Matala an der Südküste von Kreta war ein Zentrum der Bewegung.
Der Fotoband Mythos Matala fängt in Bild und Text ein, wie Jugendliche aus aller Welt in den Höhlen an der malerischen Bucht von Matala damals nach ihren Vorstellungen und nach ihrer Devise love & peace ein einfaches und glückliches Leben zu führen versuchten.

Sedones 18
Arn Strohmeyer
Die Lyra singt, tanzt und lacht
Vom Zauber kretischer Musik
122 Seiten, mit Fotos
ISBN 978-3-937108-30-8

„Kreta ist für mich Musik" (Mikis Theodorakis). Die Musik der größten griechischen Insel hat eine jahrhundertealte Tradition, ist Volksmusik im besten Sinne des Wortes. Kretische Musik ist im wesentlichen Lyramusik, der Lyraspieler ist ein viel geliebter und verehrter moderner Held. Der Klang der Lyra und die Identität Kretas sind eins. Arn Strohmeyer versucht den Zauber dieser Musik mit dem Land, seinen Mythen und seiner Geschichte, vor allem aber mit dem Widerstandsgeist und Freiheitswillen, mit der Poesie und Lebensfreude der Kreter zu erklären.

Sedones 15
Georg Vardakis
Als der Krieg nach Kreta kam
Erinnerungen an meine Kindheit
100 Seiten, Fotos
ISBN 978-3-937108-23-0

„Als am 20. Mai 1941 der Angriff auf Kreta begann, war ich sechs Jahre alt.“ Georg Vardakis erzählt, wie aus einer behüteten Kindheit in einer Familie, die relativ wohlhabend und an westeuropäischer Bildung und Kultur orientiert war, durch den Krieg eine Kindheit in materieller Not und in ständiger Bedrohung durch die deutsche Besatzungsmacht wurde. Und so berichtet Georg Vardakis vom Leben in einer zerbombten Stadt, von der Hungersnot, von einer Schulzeit, als Schüler zu Beginn des neuen Schuljahres erfuhren, dass ihr Lehrer in den Ferien von den Deutschen hingerichtet worden war. Der Autor erinnert sich an Partisanen und Kollaborateure, an Helden und eher ängstliche Menschen und an Begegnungen mit grausam-zynischen, aber auch mit freundlich-helfenden deutschen Besatzern.

Sedones 20
Karina Raeck (Hg.)
Andartis – Monument für den Frieden
Krieg – Widerstand – Versöhnung
209 Seiten, 130 Fotos
ISBN 978-3-937108-34-6

Andartis – so heißt das Gedenkzeichen, das die Berliner Künstlerin Karina Raeck im Ida-Gebirge zur Erinnerung an den kretischen Widerstandskampf während des 2. Weltkrieges errichtete. Zwischen 1988 und 1991 baute sie in enger Zusammenarbeit mit den Bewohnern von Anogia aus etwa 5000 Felssteinen eine sich in die Ebene erstreckende menschliche Gestalt. Diese Landschaftsskulptur wurde als Symbol deutsch-griechischer Versöhnung am 23. Juni 1991 auf der Nida-Hochebene feierlich eingeweiht. In ihrem Buch berichtet Karina Raeck über die Entstehung des Andartis; Stefanie Endlich und Rainer Höynck fragen nach der Darstellbarkeit von Krieg, Widerstand und Leid in der Kunst; Marlen von Xylander und Eberhard Rondholz informieren über den geschichtlichen Hintergrund der deutschen Besatzungsherrschaft und die Entwicklung des kretischen Widerstands.